COZINHA DE INOVAÇÃO

COZINHA DE INOVAÇÃO

PESQUISA E INOVAÇÃO NA COZINHA DO SENAC RJ

Editora Senac Rio – Rio de Janeiro – 2020

Cozinha de inovação: pesquisa e inovação na cozinha do Senac RJ © Senac RJ, 2020.

Direitos desta edição reservados ao Serviço Nacional de Aprendizagem Comercial – Administração Regional do Rio de Janeiro.

Vedada, nos termos da lei, a reprodução total ou parcial deste livro.

SENAC RJ

Presidente do Conselho Regional
Antonio Florencio de Queiroz Junior

Diretor Regional
Sergio Arthur Ribeiro da Silva

Diretor Administrativo-financeiro
Pedro Paulo Vieira de Mello Teixeira

Diretora de Educação Profissional
Wilma Bulhões Almeida de Freitas

Diretor de Planejamento
Fábio da Silva Soares

Editora Senac Rio
Rua Pompeu Loureiro, 45/11º andar
Copacabana – Rio de Janeiro
CEP: 22061-000 – RJ
comercial.editora@rj.senac.br
editora@rj.senac.br
www.rj.senac.br/editora

Editora
Daniele Paraiso

Produção editorial
Cláudia Amorim (coordenação), Manuela Soares (prospecção), Andréa Regina Almeida, Gypsi Canetti e Michele Paiva (copidesque e revisão de textos), Patrícia Souza, Victor Willemsens e Vinicius Moura (design)

Organizadores
Gisela Abrantes
Juliana Jucá
Osvaldo Gorski

Fotografia
Rodrigo Azevedo

As cerâmicas usadas nas fotos foram gentilmente cedidas por Alice Felzenszwalb e Katia Valente.

Impressão: Edigráfica Gráfica e Editora Ltda.

1ª edição: março de 2020

CIP-BRASIL. CATALOGAÇÃO NA PUBLICAÇÃO
SINDICATO NACIONAL DOS EDITORES DE LIVROS, RJ

S477c

Senac RJ
    Cozinha de inovação : pesquisa e inovação na cozinha / Senac RJ ; organização Gisela Abrantes, Juliana Jucá, Osvaldo Gorski. - 1. ed. - Rio de Janeiro : Senac Rio, 2020.
    192 p. ; 23 cm.

    Inclui bibliografia
    ISBN 978-85-7756-479-8

    1. Gastronomia - Manuais, guias, etc. 2. Culinária - Receitas. 3. Culinária - Orientação profissional. I. Abrantes, Gisela. II. Jucá, Juliana. III. Gorski, Osvaldo. IV. Título.

20-63625   CDD: 641.5
                         CDU: 641.5

As imagens das páginas 74 e 112, de uso contratualmente licenciado, pertencem à G & S Imagens do Brasil Ltda. e são utilizadas para fins meramente ilustrativos, o que se aplica, inclusive, a todos os exemplos, modelos ou indivíduos constantes deste material.

SUMÁRIO

Introdução — **10**

Capítulo 1: Bases alternativas para canapés — **14**

Capítulo 2: Métodos de conservação — **20**

Capítulo 3: Fermentação — **42**

Capítulo 4: O uso de hidrocoloides na produção de embalagens e papéis comestíveis — **54**

Capítulo 5: Lâminas vegetais — **60**

Capítulo 6: Laticínios — **68**

Capítulo 7: Levain — **78**

Capítulo 8: Salames alternativos — **84**

Capítulo 9: Massas de confeitaria — **90**

Capítulo 10: Panc e receitas inusitadas — **96**

Capítulo 11: Raízes do Brasil — **110**

Capítulo 12: Esponjas — **120**

Capítulo 13: Bebidas alternativas — **130**

Capítulo 14: Mixologia com cerveja — **140**

Capítulo 15: Equipamentos & técnicas — **146**

Capítulo 16: Procedimentos de utilização de equipamentos modernos — **162**

Referências — **184**

Cozinha de inovação é o resultado de um trabalho de pesquisa que apresenta o desenvolvimento ocorrido nos últimos anos no universo da gastronomia.

A propagação dessas informações possibilita a formação de uma nova leva de profissionais que vão se beneficiar, e beneficiar o mercado, da contribuição da ciência e inovação.

A pesquisa do Senac RJ foi estruturada não só para transmitir esse conhecimento mas também para ensinar os alunos a desenvolverem a criatividade em novas receitas, por meio da utilização de hidrocoloides, produtos fermentados e outros ingredientes incomuns ou pouco utilizados na cozinha.

Os capítulos apresentados neste livro destinam-se a fornecer informação básica para professores e alunos por intermédio de uma linguagem e exemplos simples para a total compreensão.

Todas as experiências com novos equipamentos e novos produtos desenvolvidas na cozinha demandam grande esforço em testes, além de grande liberdade de pensamentos que apoiem a criatividade necessária às novas ideias. Isso, é claro, foi evoluindo ao longo do trabalho, à medida que houve o domínio das técnicas e do conhecimento sobre os produtos e equipamentos.

Os docentes do Senac RJ e os profissionais de mercado envolvidos desde o início foram muitos, mas vale mencionar os nomes dos que permaneceram por mais tempo ou permanecem até hoje no projeto: Juliana Jucá, Marcelo Neves, Bernardo Worms, Osvaldo Gorski e Gisela Abrantes, esta como coordenadora.

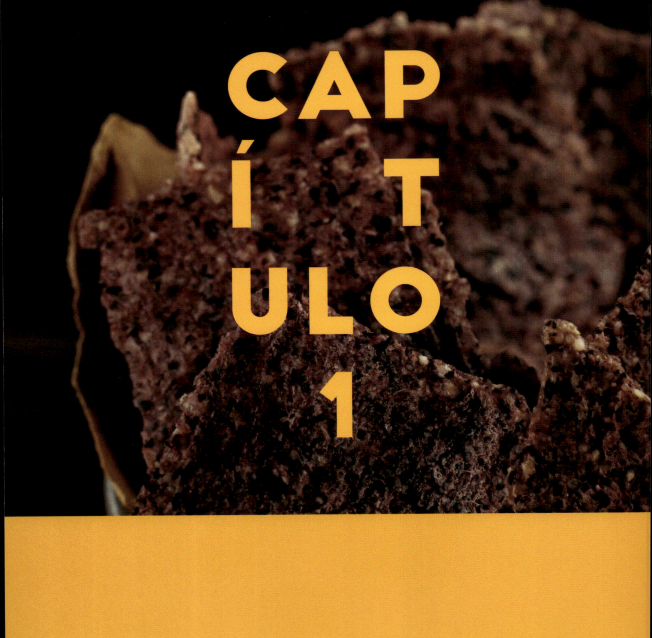

CAPÍTULO 1

BASES ALTERNATIVAS PARA CANAPÉS

ALUNAS PARTICIPANTES:
RAQUEL CRISTINA DE SOUZA
TATIANA ABELHEIRA

As bases alternativas para canapés foram desenvolvidas para facilitar a produção, a criatividade, a durabilidade e o custo.

Utilizaram-se vários tipos de arroz e suas farinhas a fim de atender a restrições e preferências alimentares.

COZINHA DE INOVAÇÃO

CRACKERS
DE ARROZ E FARINHA DE CASTANHA

BASES ALTERNATIVAS PARA CANAPÉS

100 G DE ARROZ NEGRO COZIDO
150 G DE ARROZ BRANCO COZIDO
25 G DE FARINHA DE CASTANHA-DO-PARÁ
1 PITADA DE SAL

1. Coloque todos os ingredientes em um processador de alimentos e pulse até formar uma massa.

2. Preaqueça o forno a 180 °C e forre uma assadeira com papel-manteiga.

3. Retire ½ colher (sopa) da mistura, enrole no formato de bola e coloque na assadeira. Repita a operação até que a massa acabe. Coloque plástico-filme em cima e alise cada bola com os dedos ou com o rolo.

4. Retire a camada superior do plástico-filme e asse a massa por 20 minutos ou até ficar levemente dourada e crocante.

5. Deixe esfriar na assadeira e guarde-a em um recipiente hermético na geladeira. Melhor consumir em um a dois dias.

COZINHA DE INOVAÇÃO

CRACKERS
DE ARROZ INTEGRAL COM QUEIJO PARMESÃO

- 125 G DE QUEIJO PARMESÃO
- 45 G DE MANTEIGA
- 175 G DE FARINHA DE ARROZ INTEGRAL
- 100 G DE ARROZ INTEGRAL COZIDO
- 15 G DE FARINHA DE TAPIOCA
- 0,5 G DE GOMA XANTANA
- 30 ML DE LEITE (PODE SER USADO LEITE DE AMÊNDOAS)

A MANTEIGA PODE SER SUBSTITUÍDA POR 40 G DE ÓLEO DE COCO, SE DESEJADO.

BASES ALTERNATIVAS PARA CANAPÉS

1. Preaqueça o forno a 190 °C.

2. Corte o queijo em pequenos cubos. Bata-os em um processador de alimentos e em seguida adicione a farinha de arroz integral, a farinha de tapioca, a goma xantana, a manteiga e o sal. Acrescente o leite aos poucos até formar uma massa. Enrole a massa sobre papel-manteiga.

3. Abra a massa, corte quadrados de 2,5 cm e faça furos no meio.

4. Coloque-os em uma assadeira forrada com papel-manteiga e asse por 15 minutos.

5. Deixe descansar na assadeira até esfriar completamente. Isso fará com que fiquem crocantes.

CAPÍTULO 2

MÉTODOS DE CONSERVAÇÃO

2.1 CHARCUTARIA

ALUNOS PARTICIPANTES:
ANIELE XAVIER
BRUNO LINHARES
LUCAS MIGNOT
MARLUCE CARVALHO
RAFAEL SANTOS

Define-se charcutaria tanto o processo de produção quanto como o método de conservação de proteínas animais.

O termo charcutaria é originário da palavra francesa *charcuterie*, que significa carne (*chair*) e cozido (*cuit*). Costuma ser associado apenas à produção de embutidos, no entanto a charcutaria compreende também métodos de conservação, cura, fermentação, desidratação, defumação e, em alguns produtos, aplica-se mais de um método conjuntamente.

COZINHA DE INOVAÇÃO

CURA SALGADA

DE PEITO DE PATO COM PIMENTA, PÁPRICA E ERVAS

MÉTODOS DE CONSERVAÇÃO

1 KG DE SAL GROSSO
2 UNIDADES DE PEITO DE PATO
25 G DE ERVAS SECAS (ALECRIM, TOMILHO, MANJERICÃO)
5 G DE PIMENTA-DO-REINO PRETA MOÍDA
5 G DE PÁPRICA

1. Em um refratário, faça uma cama de sal grosso e disponha o peito de pato com a gordura para cima. Cubra a carne com o restante do sal.

2. Sele com o plástico-filme e leve à geladeira de 12 a 15 horas.

3. Retire o excesso de sal (sem lavar) e adicione as ervas, pimenta e páprica a toda a superfície.

4. Enrole a carne em um pano de prato e reserve-a na geladeira por 20 dias.

COZINHA DE INOVAÇÃO

2.2 CONSERVA DE SEMENTES, FRUTAS E VEGETAIS

**ALUNOS PARTICIPANTES: BRUNO LINHARES
PEDRO SIMÕES**

CONSERVA
DE GRÃOS DE MOSTARDA (CAVIAR DE MOSTARDA)

MÉTODOS DE CONSERVAÇÃO

250 G DE MOSTARDA EM GRÃOS
125 G DE AÇÚCAR
375 ML DE ÁGUA
375 ML DE VINAGRE BRANCO
1 G DE SAL

1. Junte todos os ingredientes em uma panela e cozinhe por 45 minutos em fogo médio.

2. Caso seque, acrescente água.

3. Coloque a mistura em um vidro hermeticamente fechado e conserve-a em geladeira por até 15 dias.

COZINHA DE INOVAÇÃO

2.3 CONSERVA DE PEIXES

ALUNOS PARTICIPANTES: INGRID BRITTO
LEONARDO MARS
LETICIA SANTANA
RAFAEL ALT

Aplicação de produtos brasileiros nas conservas usuais de outros continentes

Aplicar a conservação de alimentos (peixes) pela salga simples, conserva de vinagre e cura, insumos diversos e regionais para análise dos resultados.

Devem ser utilizados peixes fáceis de encontrar na costa brasileira, desde que de boa qualidade, para substituir os trazidos de regiões fora do nosso continente.

Trazer à discussão, e para a prática, assuntos importantes no trato da conservação dos alimentos e mostrar os resultados para futuros interessados em fomentar esse mercado das conservas de pescados regionais.

A importância desse projeto é prolongar a vida útil do alimento, tornando possível o seu consumo fora da época de produção (entressafra) perto das regiões produtoras.

Por exemplo, o conhecido "bacalhau" é produto resultante de uma salga simples de um peixe comumente utilizado, o *gadus morhua*, proveniente das águas frias do mar Atlântico Norte, no Círculo Polar Ártico.

MÉTODOS DE CONSERVAÇÃO

O gravlax também é um processo bastante utilizado para conserva do salmão da península da Escandinávia.

O rollmops utiliza o arenque, facilmente encontrado no Atlântico Norte, para sua conserva simples, com pepino e cebola em ácido acético, água e sal.

BACALHAU
DE NAMORADO

5 KG DE FILÉ DE NAMORADO
7 KG DE SAL GROSSO

Tire o excesso de umidade do peixe com papel-toalha, espalhe sal por todo o lombo e deixe por cinco a sete dias, sob refrigeração.

COZINHA DE INOVAÇÃO

GRAVLAX
VERMELHO-CIOBA

MÉTODOS DE CONSERVAÇÃO

1 KG DE FILÉ DE PEIXE VERMELHO-CIOBA
120 G DE SAL GROSSO
100 G DE AÇÚCAR MASCAVO
10 G DE ENDRO PICADO
5 G DE PIMENTA-DO-REINO MOÍDA GROSSEIRAMENTE
50 ML DE AQUAVIT OU VODCA

1. Coloque tudo em volta dos filés e envolva com plástico-filme bem apertado. Faça furos com uma faca e deixe sob refrigeração, com um peso em cima, por dois dias, sobre um tabuleiro com grade (vire o peixe uma vez ao dia).

2. Desembrulhe, limpe o excesso de temperos e consuma.

COZINHA DE INOVAÇÃO

CONSERVA
TIPO ROLLMOPS DE SARDINHA

SALGA DA SARDINHA:

1 KG DE FILÉ DE SARDINHA INTEIRA, SEM AS VÍSCERAS

1 KG DE SAL GROSSO

1. Coloque os filés de sardinha em um tabuleiro com sal embaixo e em cima, cobrindo tudo.
2. Mantenha-os na geladeira por uma semana.

PARA A RECEITA:

1 KG DE FILÉ DE SARDINHA SALGADA

100 G DE MOSTARDA DE QUALIDADE

150 G DE PEPINO EM CONSERVA

100 G DE CEBOLA ROXA

50 G DE ALCAPARRA LAVADA E DRENADA

MÉTODOS DE CONSERVAÇÃO

200 ML DE VINAGRE DE VINHO BRANCO OU DE MAÇÃ (UTILIZE APENAS SE FOR NECESSÁRIO PARA COMPLETAR O VIDRO)

PARA A MARINADA:

500 ML DE VINAGRE DE VINHO BRANCO OU DE MAÇÃ

500 ML DE ÁGUA OU VINHO BRANCO SECO

10 G DE ZIMBRO TRITURADO GROSSEIRAMENTE

5 G DE PIMENTA-DA-JAMAICA TRITURADA GROSSEIRAMENTE

2-3 CRAVOS-DA-ÍNDIA

1. Coloque os filés de sardinha em água e dessalgue por dois dias, trocando a água; mantenha-os na geladeira.

2. Ponha todos os insumos da marinada para ferver por 10 minutos. Em seguida, deixe esfriar.

3. Coloque os filés dessalgados com a pele para baixo, faça um rocambole com mostarda, pepino e cebola, prenda com palitos e ponha tudo em um pote esterilizado, com as alcaparras.

4. Caso os rolinhos estejam abaixo do nível do líquido da marinada, coloque vinagre puro até cobrir tudo. Deixe sob refrigeração na geladeira por uma semana e, então, a conserva estará pronta para consumo.

COZINHA DE INOVAÇÃO

2.4 CHUTNEYS, COMPOTAS E GELEIAS COM CERVEJA

ALUNOS PARTICIPANTES: BERNARDO WORMS
CAROLINE DE OLIVEIRA E SILVA
FABRÍCIO NACIF
FELIPE RIBEIRO
MARCELO NEVES
RAQUEL SOUZA
RENATA ZAINOTTE

A cerveja pode ser usada na preparação de receitas da mesma maneira que o vinho, o que traz maior complexidade de sabor.

Com a crescente valorização de produtos artesanais no mercado brasileiro, surge a oportunidade de desenvolver conservas de frutas diversas, bebidas e tempero.

A geleia de bacon contém aromas e sabores de malte torrado, frutas secas como ameixas e passas, e o uso da cerveja Russian Imperial Stout lhe confere um paladar agridoce.

No chutney de abacaxi, utilizou-se a cerveja Golden Strong Ale para aumentar a durabilidade da preparação e realçar os sabores frutados (pera, laranja e maçã) e condimentados.

MÉTODOS DE CONSERVAÇÃO

CHUTNEY
DE ABACAXI COM GOLDEN STRONG ALE

550 G DE ABACAXI
100 G DE CEBOLA
50 G DE AÇÚCAR REFINADO
5 G DE CÚRCUMA
2 CRAVOS-DA-ÍNDIA
5 G DE SEMENTES DE MOSTARDA
2 ANISES ESTRELADOS
1 PITADA DE NOZ-MOSCADA
200 ML DE CERVEJA GOLDEN STRONG ALE
1 MAÇÃ

1. Descasque o abacaxi, retirando o talo. Corte-o em cubos e reserve.
2. Pique a cebola em cubinhos.

COZINHA DE INOVAÇÃO

3. Em uma panela, refogue a cebola até ficar transparente, adicione o abacaxi, o açúcar e as especiarias. Acrescente 150 ml da cerveja e cozinhe, deixando reduzir até ficar espesso.

4. Ponha o restante da cerveja e a maçã bem picada; deixe reduzir.

5. Sirva à temperatura ambiente.

Sugestão de harmonização: filé-mignon suíno

GELEIA DE BACON COM RUSSIAN IMPERIAL STOUT

350 G DE BACON INTEIRO
140 G DE CEBOLA
1 GARRAFA DE RUSSIAN IMPERIAL STOUT
100 ML DE VINAGRE BALSÂMICO
135 G DE AÇÚCAR DEMERARA

MÉTODOS DE CONSERVAÇÃO

1. Em uma panela grande, cozinhe o bacon; trabalhe em lotes, se necessário.

2. Retire-o da panela, deixe esfriar e, em seguida, pique o bacon.

3. Escorra a gordura, deixando apenas cerca de uma colher (sopa) no fundo da panela.

4. Leve o bacon de volta à panela, para aquecer, e refogue a cebola até ficar macia e translúcida por mais ou menos 3 minutos.

5. Adicione 240 ml de cerveja e o vinagre, raspando para deglaçar o fundo da panela.

6. Acrescente o açúcar demerara e o bacon picado; reduza o fogo para manter a fervura.

7. Coloque a panela semitampada para possibilitar a ventilação do vapor. Cozinhe até o bacon ficar reduzido a uma consistência espessa (tipo xarope), mexendo ocasionalmente, por cerca de 45 minutos.

8. Transfira-o para um processador de alimentos com o restante da cerveja e pulse até que a maioria das peças grandes tenha sido cortada.

9. Sirva à temperatura ambiente.

Sugestão de harmonização: tartar de salmão

COZINHA DE INOVAÇÃO

CANAPÉ
DE CAMARÃO E ABOBRINHA COM BEERS KNEES

CANAPÉ:
150 G DE CAMARÃO CINZA
100 G DE ABOBRINHA ITALIANA
AZEITE EXTRAVIRGEM
SAL
PIMENTA-DO-REINO PRETA

1. Tempere os camaróes com sal e cozinhe no vapor.
2. Corte as abobrinhas no sentido longitudinal, e bem finas, e grelhe no azeite.
3. Tempere com sal e pimenta-do-reino.

MÉTODOS DE CONSERVAÇÃO

BEERS KNEES:

15 ML DE MEL
15 ML DE ÁGUA MORNA
GELO FILTRADO
50 ML DE GIM
30 ML DE SUCO DE LIMÃO SICILIANO
100 ML DE CERVEJA WEIHENSTEPHANER HEFEWEISSBIER

1. Misture o mel na água morna e faça um xarope. Deixe esfriar.
2. Em uma coqueteleira, coloque o gelo, o gim, o suco de limão e o xarope de mel. Agite vigorosamente.
3. Coe e coloque em um copo gelado.
4. Complete com a cerveja.
5. Ornamente com cascas de limão.

MONTAGEM:

1. Coloque o camarão e, logo em cima, uma fatia de abobrinha.
2. Sirva com 30 ml do drink.

COZINHA DE INOVAÇÃO

CANAPÉ DE

RABADA NA CERVEJA BOCK E SEMENTES DE CACAU COM LARANJA LUPULADA

500 G DE RABO BOVINO
SAL
PIMENTA-DO-REINO PRETA
TOMILHO FRESCO
AZEITE EXTRAVIRGEM
50 G DE CEBOLA
50 G DE PIMENTÃO AMARELO
50 G DE PIMENTÃO VERMELHO
30 G DE PIMENTA DEDO-DE-MOÇA
600 ML DE CERVEJA BOHEMIA BOCK
30 G DE SEMENTE DE CACAU
1 FATIA DE PÃO DE FÔRMA
100 G DE RABANETE

MÉTODOS DE CONSERVAÇÃO

50 ML DE VINAGRE DE ARROZ
50 G DE AÇÚCAR

1. Tempere a carne com sal, pimenta-do-reino cortada grosseiramente na faca e dois ramos de tomilho.

2. Marque a carne com azeite na frigideira e reserve.

3. Refogue a cebola e os pimentões. Acrescente a cerveja e as sementes de cacau. Junte a carne e cozinhe na pressão por 40 minutos.

4. Tire a carne do osso e junte ao caldo do cozimento.

5. Afine a fatia de pão de fôrma com um rolo para massas. Corte em quatro pequenos discos. Asse até as fatias ficarem crocantes.

6. Corte os rabanetes à juliana e cubra-os com a mistura de vinagre, açúcar e uma pitada de sal. Deixe descansar por no mínimo 15 minutos.

LARANJA LUPULADA:
50 ML DE COINTREAU
15 ML DE XAROPE
2 PITADAS DE ANGOSTURA
130 ML DE CERVEJA IPA AMERICANA

1. Em uma coqueteleira, misture os ingredientes, com exceção da cerveja.

2. Adicione gelo e agite vigorosamente.

3. Sirva em uma taça e complete com a cerveja.

COZINHA DE INOVAÇÃO

▨ **MONTAGEM:**

1. Coloque a carne da rabada com o caldo em cima de uma torrada e, por último, os picles de rabanete.

2. Ornamente com pimenta dedo-de-moça sem semente.

3. Sirva com 30 ml do drink.

CAPÍTULO 3

FERMENTAÇÃO

ALUNOS PARTICIPANTES:
ANIELE XAVIER
CHEN MIEN
IMYRA M. M. DE SOUZA
LUCAS MIGNOT
LUIZ FELIPE OURO PRETO
THAYNÁ THEBAS

Fermentação é a transformação do alimento por meio de microrganismos, em geral bactérias e leveduras, o que possibilita a conservação por um longo período.

Nesse processo, microrganismos transformam açúcares em outra substância. Cada tipo de microrganismo se desenvolve em tipos diferentes de ambiente. Assim, é possível usar salinidade, acidez, temperatura e presença ou ausência de oxigênio como ferramentas de seleção dos microrganismos para cada tipo de fermentação.

Limpeza dos recipientes

Durante o processo de fermentação, é necessário que todos os potes utilizados sejam bem limpos com sabão neutro e depois bem enxutos.

Depois de limpos, ferva uma panela grande de água. Com o auxílio de pinças, coloque os potes de vidro de maneira a ficarem totalmente submersos por pelo menos 5 minutos. Retire e coloque os potes com a abertura para baixo sobre panos limpos (ou papel-toalha) e espere que sequem sozinhos.

Picles

Consideramos picles qualquer tipo de alimento conservado por acidificação; portanto, não é correto afirmar que todos os tipos de picles são fermentados. Hoje, a maior parte dos picles é mantida em um ambiente com alta concentração de ácido (produto da fermentação); além disso, eles também passaram por um processo de esterilização em altas temperaturas. Assim, muitos dos picles atuais não são elaborados com base em um processo de cultivo de microrganismos, como este apresentado a seguir.

FERMENTAÇÃO

PICLES
DE QUIABO

10 QUIABOS
1 L DE ÁGUA
50 G DE SAL
POTE DE VIDRO HIGIENIZADO

Coloque os quiabos inteiros em um pote limpo dentro de uma solução composta de 5% de sal (por exemplo, 5 g de sal para cada 100 ml de água), até que submerjam. Para que não fiquem com partes fora da salmoura, deve ser utilizado um peso de cerâmica ou um saco plástico de cozinha com água e bem fechado. Os picles devem permanecer uma semana em local sem luminosidade e em temperatura ambiente.

Kimchi

Kimchi é um fermentado de origem coreana à base de acelga. Diferentemente dos picles, o kimchi é tipicamente temperado com diversos tipos de pimentas, especiarias, ervas e até mesmo caldo de peixe.

SALMOURA DA ACELGA:

1,5 KG DE ACELGA

5 L DE ÁGUA (FILTRADA OU MINERAL)

275 G DE SAL GROSSO TRITURADO

PASTA DO KIMCHI:

PARTE 1: "MINGAU" PARA A PASTA

600 ML DE ÁGUA

30 G DE ALGA KOMBU

1 COGUMELO SHIITAKE SECO

115 G DE PEIXE SECO

50 G DE FARINHA DE ARROZ

PARTE 2: INGREDIENTES A SEREM BATIDOS COM O "MINGAU"

150 ML DE MOLHO DE PEIXE (NAMPLÁ)

45 G DE CAMARÃO SALGADO COREANO

18 G DE AÇÚCAR

42 G (7 DENTES) DE ALHO BRANQUEADOS

125 G DE GENGIBRE

65 G DE CEBOLA

2 UNIDADES DE PERA

3 PIMENTAS DEDOS-DE-MOÇA

125 G DE PASTA DE PIMENTA COREANA

OUTROS LEGUMES A SEREM ADICIONADOS:

30 G DE RABANETE

20 G DE CENOURA

20 G DE CEBOLA

½ MAÇO (MOLHO) DE CEBOLINHA

PODE SER SUBSTITUÍDO POR 35 G DE CAMARÃO SECO E DEFUMADO.

Salmoura:

1. Corte as acelgas em quatro partes no sentido longitudinal, coloque-as em salmoura por 12 horas em 5 litros de água com 275 g de sal marinho triturado. Para verificar se a acelga salgou o suficiente, dobre a parte grossa da haste. Se partir, ela não está pronta; se flexionar bem, ela estará pronta para enxágue.

2. Enxágue pelo menos três vezes completamente, passe para um coador grande e escorra aproximadamente 1 hora antes de encher com o recheio de kimchi.

Pasta do kimchi:

1. Faça um caldo com 600 ml de água, 30 g de alga kombu, um cogumelo shiitake e 115 g de peixe seco. Deixe ferver, reduza o fogo para médio/baixo e cozinhe por 5 minutos.

2. Retire do fogo e descarte os ingredientes sólidos. Verifique se o caldo é de 600 ml. Se for menos, complete com água.

3. Deixe esfriar um pouco e, em seguida, acrescente a farinha de arroz para obter um mingau liso, mantenha o fogo médio e continue misturando por cerca de 2 minutos. Deixe cozinhar (o cozimento da farinha de arroz é uma parte importante para a fermentação). Retire do fogo e deixe esfriar completamente.

4. Em um liquidificador, adicione todos os ingredientes para a pasta do kimchi, bem como o mingau de farinha de arroz.

5. Corte os legumes à juliana e misture à acelga. Inclua a pasta kimchi com a mão, a fim de que tudo fique bem coberto com ela. Deixe fermentando em um saco embalado a vácuo por quatro dias. Depois, mantenha em geladeira.

Frutas

É possível fermentar frutas, inclusive com os mesmos processos utilizados nos vegetais. Uma das frutas fermentadas mais conhecidas é o umeboshi, espécie de ameixa japonesa que é fermentada e utilizada largamente em diversas preparações, como onigiris, makizushis ou até mesmo servida como snack.

FIGO
FERMENTADO

FIGOS FRESCOS
SAL GROSSO

Corte os figos ao meio. Salpique com bastante sal grosso (2% do peso total da fruta) e acondicione-os em embalagem fechada a vácuo. Mantenha em temperatura ambiente, em local seco e sem sol durante cinco dias.

Kombucha

A kombucha é uma bebida fermentada levemente azeda e gaseificada, em geral produzida de chá adocicado. Nesse chá é adicionada a scoby, um conjunto de microrganismos; estes são visíveis uma vez

COZINHA DE INOVAÇÃO

que se agregam para formar um conglomerado parecido com uma bolacha, que flutua no líquido no qual é colocada.

Durante a fermentação, ocorre produção de gás carbônico pelos microrganismos, além de aumento na acidez da bebida. Aqui, apresentamos outra opção, que é utilizar a kombucha para a obtenção de vinagre.

VINAGRE DE
KOMBUCHA DE COGUMELO

ÁGUA
COGUMELOS CHANTERELLE DESIDRATADOS
AÇÚCAR
1 SCOBY
LÍQUIDO DA SCOBY

1. Ferva a água, coloque 2,5% do peso em cogumelos (2,5 g de cogumelos desidratados para 100 ml de água) e deixe em infusão por pelo menos 5 minutos.

2. Misture o açúcar (5%, ou seja, 5 g de açúcar para cada 100 ml de chá pronto). Passe por uma peneira bem fina e espere chegar à temperatura ambiente.

3. Acrescente a scoby e o líquido. Deixe fermentando por uma semana com a scoby. Então, retire a scoby e deixe fermentando por pelo menos mais um mês.

COZINHA DE INOVAÇÃO

LIMÃO
PRESERVADO

Limão preservado ou limão fermentado é um tipo de fermentação feita com o limão siciliano muito utilizada em preparações marroquinas. Em nossa receita, foram acrescentadas ervas e pimenta.

LIMÃO SICILIANO
SAL GROSSO
TOMILHO FRESCO
PIMENTA DEDO-DE-MOÇA
POTE DE VIDRO LIMPO

1. Corte os limões no sentido do comprimento, mas sem separar os gomos.
2. Adicione sal no meio dos cortes para tentar preenchê-los.
3. Coloque os limões no pote de vidro, apertando-os bem.
4. Entre os limões, inclua a pimenta dedo-de-moça e o tomilho. Feche o pote.
5. Depois de uma semana, abra o pote e aperte mais os limões para deixá-los submersos no líquido que se formou.
6. Deixe fermentando por mais um mês.

O USO DE HIDROCOLOIDES NA PRODUÇÃO DE EMBALAGENS E PAPÉIS COMESTÍVEIS

ALUNOS PARTICIPANTES:
ALEXANDRE TRAJMAN
ANETE FERREIRA
EMANUELLE FARIAS
LESLY REIS
MARLUCE CARVALHO
PEDRO SOUZA
RICARDO CHEN
STEPHANIE BARROS

Os hidrocoloides são polissacarídeos de origem orgânica (vegetal ou microbiana), solúveis em água, amplamente utilizados nas indústrias farmacêutica, cosmética e de alimentos.

Nos alimentos, os hidrocoloides funcionam como texturizantes, com a função de espessar, emulsionar, gelificar e estabilizar as preparações.

COZINHA DE INOVAÇÃO

Alguns hidrocoloides são utilizados há séculos na culinária de vários países, como o ágar-ágar, o konjac e as carrageninas. Na gastronomia contemporânea, especialmente depois do desenvolvimento das técnicas da cozinha molecular, esses texturizantes conquistaram um espaço definitivo, pois oferecem novos meios de combinação dos ingredientes e de apresentação dos pratos.

Nesse projeto, trabalhamos exclusivamente com a metilcelulose; tomamos por base o suco de frutas ou vegetais in natura, pois nosso objetivo era o desenvolvimento de papéis e filmes comestíveis, com diferentes sabores e texturas.

Metilcelulose é um polissacarídeo derivado da celulose vegetal, um produto atóxico, que não é digerida nem absorvida pelo intestino humano. Também não se degrada pelas bactérias do trato intestinal, comporta-se como fibra alimentar e, por isso mesmo, apresenta baixo valor energético.

As possibilidades de aplicação prática desse tipo de produto são inúmeras e podem resultar em experiências inusitadas, tais como agregar novos sabores às preparações, oferecer elementos estéticos para a composição e apresentação dos pratos, e, principalmente, oferecer soluções sustentáveis para a embalagem de alimentos.

A indústria domina essa tecnologia e oferece materiais biodegradáveis para embalagem, alguns inclusive comestíveis, mas de produção ainda restrita e limitada no que se refere ao paladar e ao apelo visual. O diferencial desse projeto é que ele conseguiu, no contexto da cozinha profissional, desenvolver papéis e filmes comestíveis com infinitas promessas de sabores e cores; para isso, utilizou equipamentos e ingredientes acessíveis, com aplicação de processos técnicos relativamente simples.

COZINHA DE INOVAÇÃO

PAPEL
COMESTÍVEL

8 G DE METILCELULOSE
200 ML DE SUCO DE FRUTA, DE LEGUMES OU DE CALDOS

1. Utilize um mixer ou liquidificador para misturar a metilcelulose com o suco até obter uma pasta homogênea.

2. Coloque a mistura no refrigerador, em um recipiente fechado, e deixe hidratar pelo menos 6 horas.

3. Retire o preparado do refrigerador e misture bem com uma colher.

4. Espalhe a mistura do sumo e metilcelulose, com a ajuda de uma espátula ou rolo, de maneira uniforme sobre um tapete de silicone disposto em uma assadeira.

5. Deixe o tapete à temperatura ambiente, em local seco, por cerca de 12 horas, para que a mistura seque e se forme uma película fina, ou leve ao forno a 80 °C até a que a mistura esteja completamente seca – o tempo pode variar de acordo com o suco utilizado e a espessura da camada.

6. Deixe esfriar e, com a ajuda de uma espátula, retire delicadamente o papel ou filme do tapete de silicone. Esse cuidado é necessário para evitar que ele se quebre.

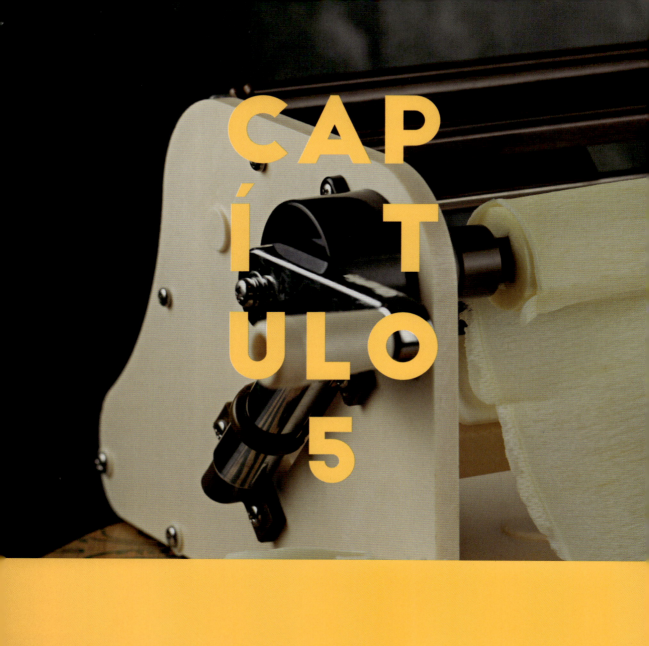

CAPÍTULO 5

LÂMINAS VEGETAIS

ALUNO PARTICIPANTE:
LUCIO SALGUEIRO

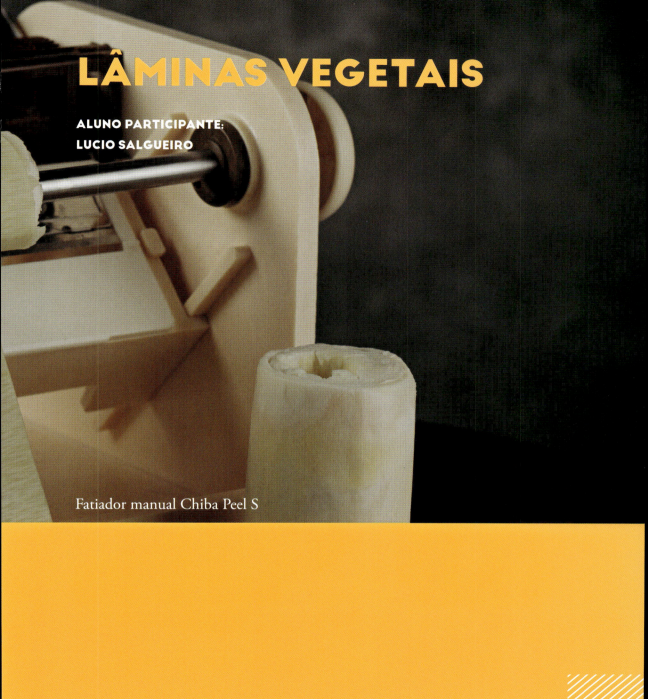

Fatiador manual Chiba Peel S

COZINHA DE INOVAÇÃO

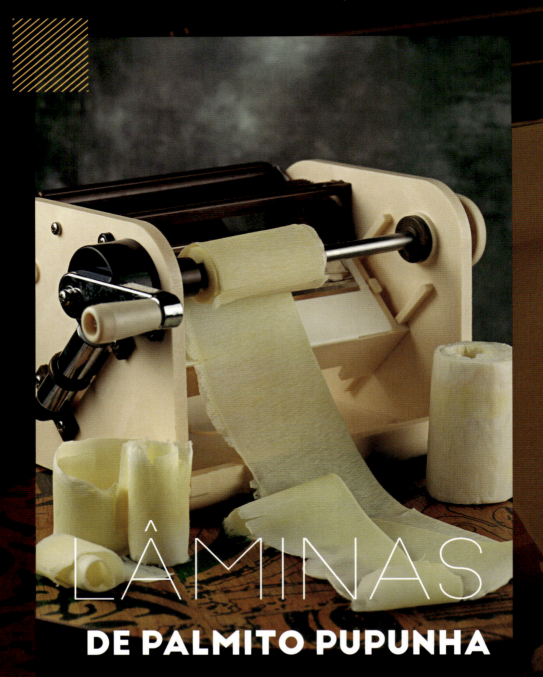

LÂMINAS
DE PALMITO PUPUNHA

LÂMINAS VEGETAIS

10 G DE SAL GROSSO
30 ML DE VINAGRE DE XEREZ
1 CORAÇÃO DE PALMITO PUPUNHA

1. Em uma panela, ferva água com sal grosso e vinagre de xerez, e escalde, por 15 min a 20 min, as lâminas fatiadas de palmito até o ponto desejado.

2. Em seguida, retire e ajuste o tamanho. Deixe secar em papel-toalha no formato desejado. Reserve.

RAVIÓLI
DE NABO

FEIJÃO:
500 G DE FEIJÃO BRANCO
1 CEBOLA
150 G DE COSTELA OU LOMBO DE PORCO DEFUMADO
150 G DE BACON
4 DENTES DE ALHO
AZEITE Q.B.

COZINHA DE INOVAÇÃO

8 PISTILOS DE AÇAFRÃO
1 CHORIZO FATIADO EM MOEDAS (1 CM)
SALSA PICADA PARA DECORAR Q.B.
MINIFLORES PARA DECORAR Q.B

DICA: Evite utilizar colher de madeira, plástico, inox para não quebrar o feijão. Também deve-se controlar o nível de água para que o feijão sempre esteja coberto.

1. Deixe o feijão de molho em água por 12 horas.

2. Em uma panela larga e funda, coloque o feijão com a água (se estiver limpa) e acrescente ½ cebola (inteira), a costela, o bacon, os três dentes de alho (com a camisa).

3. Faça uma tampa de papel-manteiga. (Considere um quadrado de 30 cm × 30 cm, dobre-o ao meio, depois dobre-o novamente pela metade na lateral e, por último, dobre para formar um triângulo (duas ou três vezes); por fim, meça da borda da panela ao meio para definir o corte.)

4. Cozinhe em fogo médio/baixo por 1,5 hora a 2 horas. Coloque água fria sempre que for necessário para cobrir os ingredientes. Verifique o ponto desejado.

5. Retempere com um refogado (frigideira, azeite, um dente de alho picado, ½ cebola à brunoise e, por último, o açafrão). Refogue bem e adicione à panela de feijão cozido.

6. Retire as carnes e fatie o chorizo em rodelas e o bacon ou a costela à brunoise.

7. Decore com a salsa e as miniflores.

CREME DE CASSOULET:
250 ML DE CALDO FEIJÃO BRANCO
150 G DE CAROÇOS
100 ML DE CREME DE LEITE FRESCO
VINAGRE DE VINHO BRANCO Q.B.
GOTAS DE LIMÃO SICILIANO Q.B.
1 DENTE DE ALHO PICADO
1 CEBOLA À BRUNOISE
PIMENTA-DO-REINO MOÍDA Q.B.

Em um liquidificador, processador ou Thermomix faça o creme com o caldo, os caroços, a nata, o vinagre, as gotas de limão siciliano e um toque de pimenta-do-reino moída. Ajuste o tempero. Passe por uma peneira para retirar a pele. Mantenha o creme aquecido. Reserve.

RECHEIO:
1 CEBOLA MÉDIA
100 G DE DAMASCO
150 G DE BACON
AZEITE

1. Corte a cebola, o damasco e o bacon em cubinhos (à brunoise).

2. Refogue com azeite a cebola.

3. Refogue o bacon. Reserve a gordura para refogar também o damasco.

4. Junte tudo.

LÂMINAS PARA RAVIÓLI: 300 G DE NABO JAPONÊS

1. Fatie o nabo japonês em lâminas (fatiador Chiba).

2. Em uma panela com água fervendo e com sal, escalde por 5 minutos as lâminas fatiadas. Retire e ajuste o tamanho.

3. Deixe secar em papel-toalha no formato desejado. Reserve.

4. Recheie as lâminas depois de fechar/formar o ravióli. Reserve.

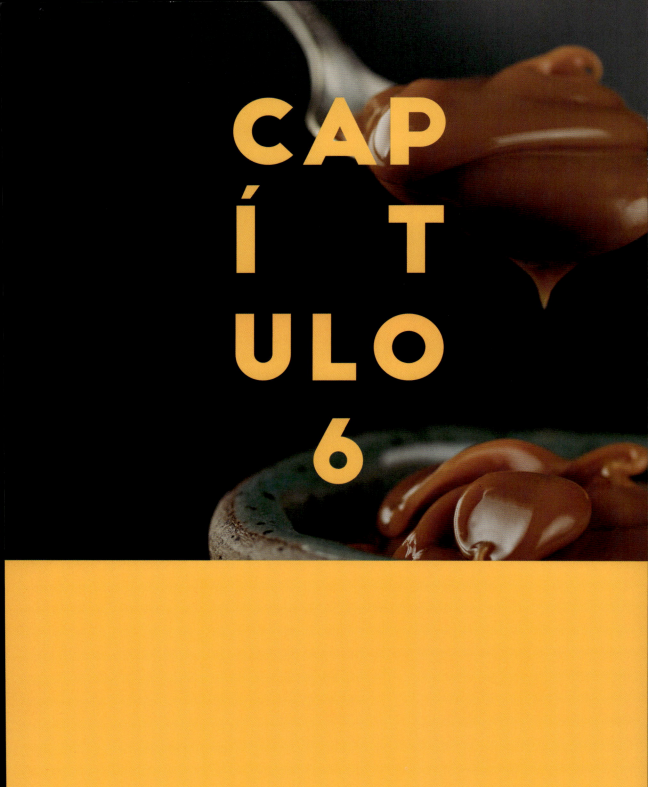

CAPÍTULO 6

LATICÍNIOS

ALUNOS PARTICIPANTES:
FABRÍCIO NACIF
JULIA VIEIRA
MARCO VIZZINI

Neste capítulo, apresentamos receitas de laticínios que podem ser facilmente feitas em casa, com ingredientes de fácil acesso e de sabores variados.

COZINHA DE INOVAÇÃO

DOCE DE
LEITE COM LARANJA

70

LATICÍNIOS

2 L DE LEITE INTEGRAL
260 G DE AÇÚCAR
2 COLHERES (SOBREMESA) DE BICARBONATO DE SÓDIO
RASPAS DE 3 LARANJAS

1. Junte o leite, o açúcar e o bicarbonato de sódio em uma panela e leve ao fogo baixo. Mexa de vez em quando para não deixar formar película, nem transbordar.

2. Quando começar a ganhar cor e consistência, adicione as raspas de laranja e deixe até que chegue ao ponto desejado.

COZINHA DE INOVAÇÃO

BALA DE
LEITE COM CARDAMOMO

4 G DE SEMENTES DE CARDAMOMO
UM PEDAÇO DE FILÓ
2 L DE LEITE INTEGRAL
260 G DE AÇÚCAR
PAPEL-MANTEIGA

1. Faça uma trouxinha com as sementes de cardamomo no filó.

2. Junte o leite, o açúcar e a trouxinha de cardamomo em uma panela e leve ao fogo baixo, mexendo sempre.

3. Quando começar a ganhar consistência, retire a trouxinha de cardamomo e mexa até chegar ao ponto de bala.

4. Despeje o doce em um prato de louça e leve-o à geladeira a fim de resfriar o suficiente para modelar.

5. Modele a bala no formato que desejar e embale em papel-manteiga.

LATICÍNIOS

MANTEIGA
MASSALA

1 L DE CREME DE LEITE FRESCO GELADO
3 COLHERES (SOPA) DE GARAM MASSALA
ÁGUA GELADA
PLÁSTICO-FILME

1. Coloque o creme de leite fresco em uma batedeira e vá aumentando a velocidade aos poucos, por cerca de 15 minutos, até que a gordura se separe do líquido.

2. Passe a massa da manteiga para uma tigela e lave com água gelada a fim de tirar o restante do leite. Repita o processo três ou quatro vezes até que a água da lavagem saia transparente. Esse processo faz com que a manteiga se conserve por mais tempo.

3. Deixe que a manteiga fique em ponto de pomada e acrescente o Garam Massala. Em seguida, modele a manteiga em plástico-filme e leve à geladeira.

COZINHA DE INOVAÇÃO

REQUEIJÃO
COM LIMÃO

LATICÍNIOS

**2 L DE LEITE INTEGRAL
8 COLHERES (SOPA) DE VINAGRE DE MAÇÃ
UM PANO LIMPO
2 COLHERES (SOPA) DE MANTEIGA
SAL A GOSTO
RASPAS DE 3 LIMÕES SICILIANOS
SUCO DE ½ LIMÃO SICILIANO**

1. Ferva o leite e desligue assim que ferver. Separe uma xícara do leite quente.
2. Adicione o vinagre ao restante do leite da panela e deixe talhar.
3. Escorra o soro da massa em um pano limpo e bata a massa ainda quente no liquidificador com a xícara de leite quente e a manteiga.
4. Inclua o sal, o suco, as raspas de limão e bata novamente até ficar cremoso.

COZINHA DE INOVAÇÃO

REQUEIJÃO
DE PIPOCA

LATICÍNIOS

4 COLHERES (SOPA) DE ÓLEO VEGETAL
90 G DE MILHO DE PIPOCA
2 L DE LEITE INTEGRAL
8 COLHERES (SOPA) DE VINAGRE DE MAÇÃ
UM PANO LIMPO
2 COLHERES (SOPA) DE MANTEIGA
SAL A GOSTO

1. Em uma panela, coloque o óleo e deixe esquentar um pouco. Coloque os grãos de milho e deixe que estourem por 2 a 3 minutos.

2. Junte a pipoca em uma panela com o leite e deixe ferver. Coe, reserve uma xícara do leite quente e leve de volta o restante do leite para a panela. Acrescente o vinagre ao leite da panela e deixe talhar.

3. Escorra o soro da massa em um pano limpo e bata a massa ainda quente no liquidificador com a xícara de leite quente e a manteiga. Junte o sal e bata novamente até ficar cremoso.

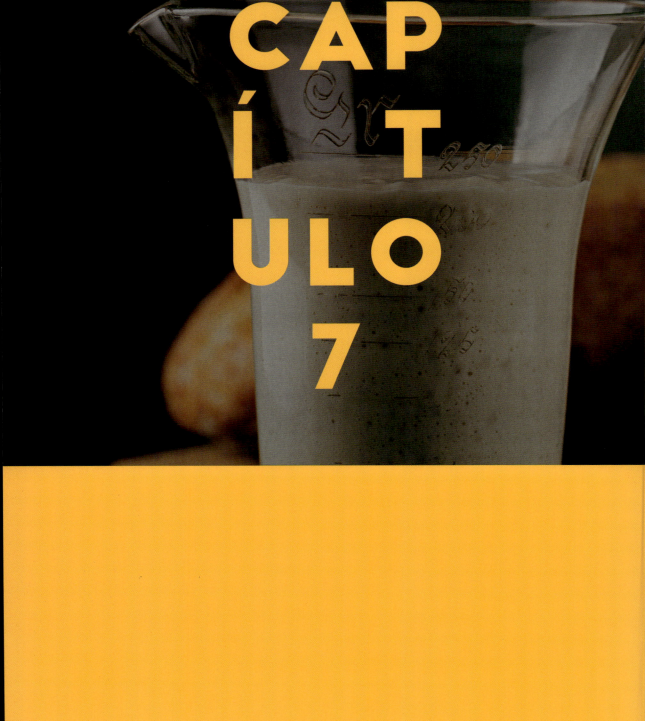

CAPÍTULO 7

LEVAIN

ALUNA PARTICIPANTE:
ISABELE BULHÕES ARANHA

Determinando a atividade do levain

O crescimento do mercado de panificação artesanal tem estimulado novos investidores a se qualificarem. O boletim de tendências de 2015 do Sebrae já apontava o setor como promissor. E nos últimos anos tem-se observado o surgimento de um número crescente de padarias de fermentação natural no Rio de Janeiro.

Embora fazer pão seja uma arte milenar, o processo de produção de pães de fermentação natural é complexo em vista da natureza microbiólogica do fermento natural. Diferentemente dos pães convencionais, elaborados pela monocultura da levedura *Saccharomyces cerevisiae*, o pão artesanal é feito com fermento natural, conhecido como levain na França, *sourdough* nos Estados Unidos, *lievito naturale* ou *pasta madre* na Itália, *masa madre* na Espanha e massa lêveda em Portugal. Esse fermento é uma colônia complexa de leveduras e bactérias que, por se constituírem de organismos vivos, dependem muito das variações das condições ambientais para ser eficientes; logo, é primordial o domínio da propagação, manutenção e determinação de sua atividade. Nesse escopo foi proposta uma metodologia para determinar a atividade do fermento natural.

A atividade do levain ocorre em razão da temperatura, do tipo de alimentação que você está utilizando, do grau de maturidade, da qualidade da farinha usada na alimentação e do grau de hidratação. Portanto, cada levain tem características específicas de acordo com a região onde se encontra.

Para determinar a atividade do levain, foi proposto o seguinte experimento:

1. Alimente o levain na proporção 1:2:2 (1 de levain, 2 de farinha, 2 de água).
2. Coloque-o em um recipiente graduado.
3. Anote o volume inicial.
4. Anote as temperaturas da água, da farinha e do ambiente.
5. Mantenha o levain à temperatura ambiente, observe seu crescimento e anote a cada hora o volume correspondente.

LEVAIN

6. Na Tabela 1, anote o horário da leitura, o tempo em minutos e o volume observado.

7. Trace o gráfico de v×t (velocidade × tempo).

A Tabela 7.1 e o Gráfico 7.1 exemplificam os resultados obtidos em um experimento para determinar a atividade de um fermento natural.

Tabela 7.1 – Exemplo de leituras de volume de crescimento do levain

LEITURAS	0	1	2	3	4	5
HORA	09:42	12:56	14:00	14:40	15:24	18:42
T (MIN)	0	194	258	298	342	540
V (ML)	200	400	550	600	700	650

Gráfico 7.1 – Exemplo de experimento para determinar a atividade do levain

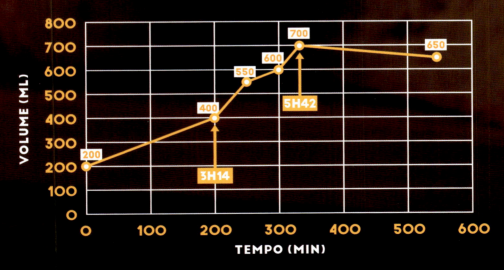

Observe, no exemplo, que o levain dobrou de volume depois de 3 horas e 14 minutos e atingiu o ponto máximo em 5 horas e 42 minutos, ponto no qual permaneceu por aproximadamente 3 horas e 18 minutos. Observe também que seu volume passou do triplo quando alcançou o ponto máximo. Com isso, pode-se afirmar que o levain está maduro e ativo, isto é, temos o máximo desenvolvimento dos microrganismos nas condições fixadas. Do ponto máximo em diante inicia-se o esgotamento dos nutrientes; caso eles não sejam alimentados, ocorrerá a redução do número de microrganismos disponíveis para o processo fermentativo do pão. Esse tipo de experimento transmite a informação do melhor momento de utilizar o fermento para fazer o pão. E ainda ajuda no planejamento do processo de produção.

SOURDOUGH
MULTIGRÃOS

INGREDIENTES	PESO BRUXO (PB) KG	% PADEIRO
Levain líquido	0,120	30
Farinha de trigo	0,320	80
Farinha de trigo integral	0,80	20
Total de farinhas	0,400	100
Água mineral sem gás	0,260	65
Sal refinado	0,008	2,0
Linhaça marrom	0,015	3
Gergelim branco	0,015	3
Gergelim preto	0,015	3
Semente de girassol	0,015	3
Aveia em flocos	0,015	3

LEVAIN

1. Em um bowl, dilua o levain com água. Em seguida, faça um buraco no meio da mistura das farinhas de trigo e integral, adicione a água e vá misturando aos poucos.

2. Misture até a massa ficar homogênea. (Ela ficará um pouco pegajosa.)

3. Cubra com um plástico-filme e deixe descansar por 30 minutos.

4. Acrescente o sal, misture até ficar homogênea, transfira para um bowl ou uma caixa untada com fina camada de óleo e cubra com plástico. Deixe descansar por 1 hora.

5. Faça a primeira dobra e deixe descansar por 30 minutos.

6. Faça a segunda dobra, incluindo os grãos, e deixe descansar por mais 30 minutos.

7. Faça mais uma sequência de dobra e deixe descansar por 30 minutos. Verifique o ponto de véu.

8. Pré-modele e deixe descansar por 20 minutos.

9. Modele e transfira para um banetton enfarinhado com farinha de arroz, cubra com plástico-filme e deixe fermentar a frio em geladeira, a 4 °C, por 12 horas.

10. Tire da geladeira e deixe descansar por mais 1 hora.

11. Transfira para uma panela de ferro com tampa, preaquecida a 250 °C, e faça uma incisão na superfície com lâmina em ângulo de 45 °C.

12. Asse a 240 °C até o salto do forno (aproximadamente 30 minutos), depois tire a tampa da panela, abaixe a temperatura para 220 °C e deixe por aproximadamente 30 minutos.

13. Retire os pães e transfira para uma assadeira perfurada até esfriar.

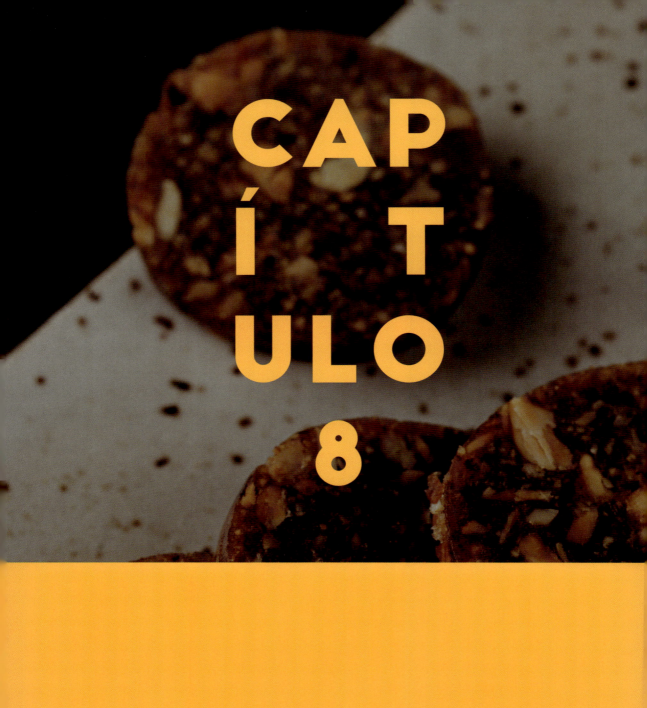

CAPÍTULO 8

SALAMES ALTERNATIVOS

ALUNOS PARTICIPANTES:
FERNANDA PEREIRA
LUCIANA PEIXOTO
MARCELA BARREIROS
TATIANA ABELHEIRA

O objetivo deste estudo é desenvolver a substituição de ingredientes industrializados por insumos saudáveis e alternativos sem perda do sabor.

A pesquisa foi desenvolvida tendo em vista pessoas que querem um lanche rápido, saudável e que ofereça valores nutricionais adequados para gerar energia. O formato do salame se deu pela necessidade de criar algo atrativo e prático.

Foi elaborada uma receita de chai como sugestão de harmonização com o salame vegetal, disponível no Capítulo 13.

COZINHA DE INOVAÇÃO

SALAME DE AMENDOIM COM ALFARROBA

SALAMES ALTERNATIVOS

150 G DE AMENDOIM SEM SAL
70 G DE MEL
40 G DE ALFARROBA EM PÓ
25 G DE SEMENTE DE GERGELIM TORRADA
5 G DE ALGA CLORELA EM PÓ
PAPEL LAMINADO OU PLÁSTICO-FILME PARA ENVOLVER O SALAME

1. Torre o amendoim no forno por 15 minutos ou até que a gordura seja liberada. Processe até adquirir consistência pastosa.

2. Derreta a manteiga de amendoim e o mel em fogo baixo. Adicione o pó de alfarroba, a semente de gergelim e a clorela. Misture bem.

3. Espalhe a mistura em plástico-filme e faça formato de salame. Leve ao refrigerador até resfriar e adquirir consistência para corte.

COZINHA DE INOVAÇÃO

SALAME DE
TÂMARA COM NUTS

SALAMES ALTERNATIVOS

80 G DE AMENDOIM SEM SAL
120 G DE TÂMARA SEM CAROÇO
70 G DE AMÊNDOA
30 G DE AÇÚCAR DEMERARA
10 G DE MANTEIGA
NOZ-MOSCADA Q.B.
PIMENTA-DO-REINO Q.B.
CANELA EM PÓ Q.B.
PIMENTA-DO-REINO Q.B.
1 PITADA DE SAL
PAPEL LAMINADO OU PLÁSTICO-FILME PARA ENVOLVER O SALAME

1. Torre levemente uma parte do amendoim no forno (50 g). Processe até fazer uma farinha. Reserve.

2. Processe a tâmara e misture com a farinha de amendoim torrado para formar uma massa. Reserve.

3. Em uma frigideira com fogo bem baixo, coloque a outra metade do amendoim e o restante dos ingredientes até torrar. Coloque em uma tábua e deixe esfriar. Quando estiver frio, quebre com uma faca e misture na massa. Envolva em plástico-filme ou papel laminado e modele em formato de salame.

CAPÍTULO 9

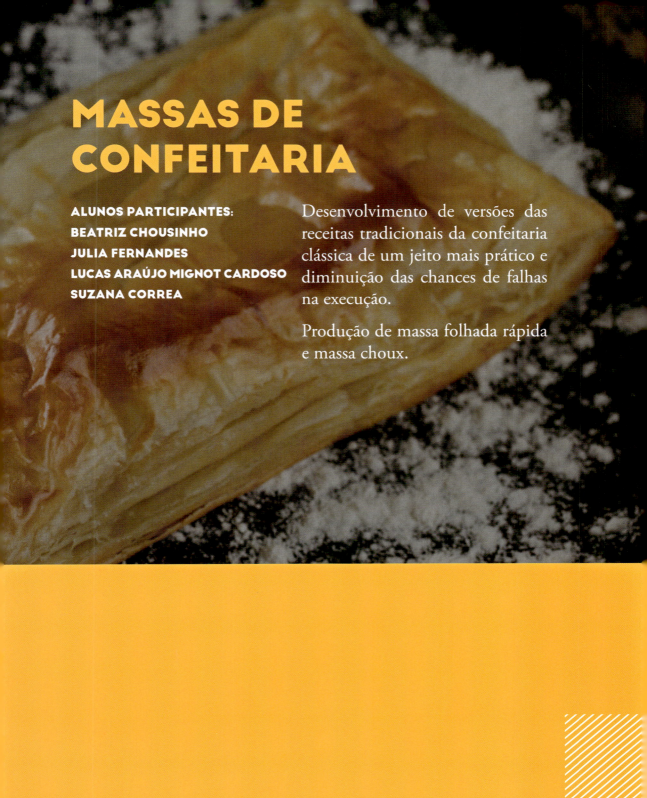

MASSAS DE CONFEITARIA

ALUNOS PARTICIPANTES:
BEATRIZ CHOUSINHO
JULIA FERNANDES
LUCAS ARAÚJO MIGNOT CARDOSO
SUZANA CORREA

Desenvolvimento de versões das receitas tradicionais da confeitaria clássica de um jeito mais prático e diminuição das chances de falhas na execução.

Produção de massa folhada rápida e massa choux.

COZINHA DE INOVAÇÃO

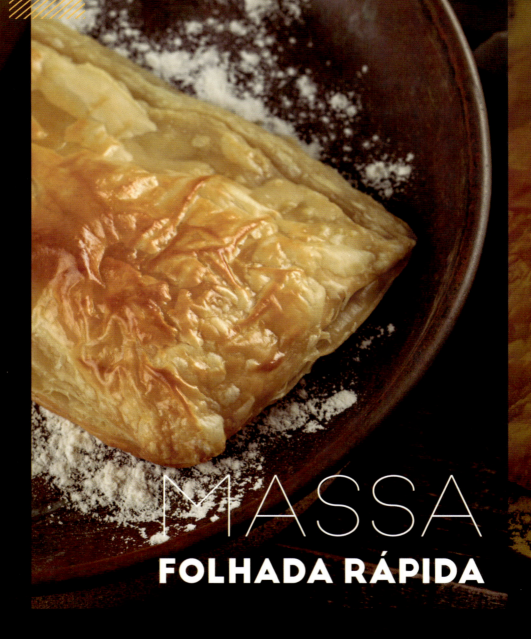

MASSA
FOLHADA RÁPIDA

MASSAS DE CONFEITARIA

A massa folhada é uma massa não fermentada, laminada e enriquecida com grande quantidade de manteiga, responsável pela criação das camadas. A massa requer muito tempo de descanso entre as fases da laminação, o que torna a preparação muito complexa e demorada. Com isso, busca-se diminuir essas fases e obter resultado semelhante ao original.

São quatro os ingredientes básicos da massa folhada: farinha, água, manteiga e sal.

INGREDIENTES	%	PESO (GRAMAS)
Manteiga sem sal	89,28%	300
Água gelada	59,52%	200
Farinha de trigo	100%	336
Sal	1,48%	5
Total	250,28%	841

1. Derreta 68 g de manteiga e deixe esfriar.
2. Com uma espátula de silicone, misture a água gelada com a farinha.
3. Depois de adicionar água, acrescente manteiga e sal.
4. Coloque a massa em uma bancada de mármore e manuseie-a até encorpar e formar uma bola.
5. Faça uma marcação de cruz na bola de massa e leve à geladeira por 30 minutos.
6. Com o restante da manteiga, faça um bloco quadrado e deixe reservado na geladeira.

7. Leve a massa de volta à bancada e abra-a puxando cada uma das partes da cruz até formar uma flor e mantendo um miolo mais alto do que as beiradas.

8. No centro da massa aberta, coloque o bloco de manteiga gelada e envolva totalmente esse bloco com as abas.

9. Leve à geladeira por 20 minutos.

10. Após o primeiro descanso, abra a massa em formato de retângulo. Cuidado para não deixar a massa rasgar e a manteiga sair. A massa deve estar sempre fria durante o manuseio.

11. Dobre a massa para formar um quadrado com três camadas e leve à geladeira por 20 minutos.

12. Repita esse processo mais duas vezes.

MASSA CHOUX

A massa choux é uma preparação clássica da confeitaria francesa que utiliza dois estágios: cozinhar e assar.

A finalidade é identificar os pontos da produção que influenciam o resultado final. Os pontos-chave desse preparo são o cozimento correto da massa, a quantidade dos ovos acrescidos e a temperatura do forno.

MASSAS DE CONFEITARIA

INGREDIENTES	%	PESO (GRAMAS)
Água	150%	300
Manteiga sem sal	75%	150
Sal	1,5%	3
Farinha de trigo	100%	200
Ovos	150%	300
Total	476,5%	953

1. Em uma panela de inox, coloque a água, a manteiga, o sal e leve para ferver.

2. Incorpore a farinha de trigo peneirada e mexa vigorosamente até que a massa comece a soltar das paredes. A massa deve estar seca ao toque.

3. Retire do fogo e leve à batedeira, utilizando o batedor de raquete, na velocidade baixa.

4. Acrescente os ovos um a um, não necessariamente todos. Eles devem ser acrescidos até que a massa fique brilhosa. Nesse momento, pare de acrescentá-los e deixe a massa bater até que o batedor marque bem a massa.

5. O forno deverá estar preaquecido a 200 °C.

6. Forre a assadeira com papel-manteiga. Não é preciso untar.

7. Leve a massa para assar no forno a 200 °C por 5 minutos.

8. Em seguida, baixe a temperatura para 170 °C e asse por 2 minutos.

9. Baixe a temperatura para 160 °C e asse por 7 minutos.

10. Por fim, baixe a temperatura para 150 °C e asse por 10 minutos.

11. A massa deve estar crocante por fora e seca por dentro.

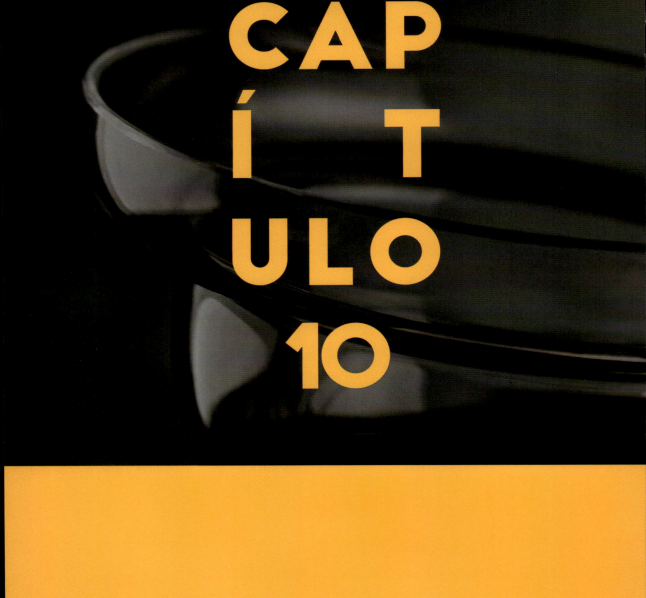
CAPÍTULO 10

PANC E RECEITAS INUSITADAS

ALUNOS PARTICIPANTES:
ALEX ALDEODATO
ANE TREIB
BIA CHOUSINHO CASTTRO FILHO
ELIZABETH TRINDADE
FABIOLA FAISSA
JULIA RAPOSO
LUCAS ARAÚJO MIGNOT CARDOSO
MARIA FERNANDA ESTELLITA LINS
MARIANA TOBELEM
MONIQUE MAZIER
ROBERTA MORGADO
RUBIA FORZLEY
STELA RIBEIRO
YASMIM LOUISE

O termo Panc foi criado em 2008 pelo biólogo e professor Valdely Ferreira Kinupp e se refere a todas as plantas que contêm uma ou mais partes comestíveis — sejam elas espontâneas, sejam cultivadas — que não estão incluídas em nosso cardápio cotidiano.

O objetivo deste capítulo é valorizar os ingredientes locais, regionais e naturais, educar o paladar e trabalhar com ingredientes inéditos.

COZINHA DE INOVAÇÃO

ARROZ DE URTIGA COM LINGUIÇA CROCANTE

50 G DE CEBOLA
2 DENTES DE ALHO
15 ML DE AZEITE
100 G DE URTIGA BRANCA
50 G DE CARURU
400 G DE MINIARROZ
100 ML DE VINHO BRANCO SECO
100 G DE QUEIJO CURADO
30 G DE MANTEIGA
150 G DE LINGUIÇA CALABRESA FINA
¼ MAÇO (MOLHO) DE SALSA
SAL Q.B.
PIMENTA-DO-REINO Q.B.

CALDO DE GALINHA CAIPIRA:
½ GALINHA CAIPIRA
1 CENOURA
1 ALHO-PORÓ
1 TALO DE AIPO
1 CEBOLA
2 FOLHAS DE LOURO

Para o arroz:

1. Em uma panela, refogue a cebola picadinha e o alho amassado no azeite sem deixar dourar muito.

2. Coloque na panela as folhas de urtiga e de caruru cortadas em pedaços e refogue mais um pouco.

3. Junte o arroz e misture bem.

4. Adicione o vinho e deixe evaporar.

5. Junte o caldo, tempere com o sal e a pimenta e deixe cozinhar até secar quase completamente.

Para finalizar o arroz:

1. Acrescente o queijo ralado e um pouco de manteiga.

2. Monte o prato com arroz no fundo e as linguiças crocantes por cima.

3. Salpique salsinha.

COZINHA DE INOVAÇÃO

Para o caldo:

1. Corte a galinha e os legumes em pedaços médios.

2. Em uma caçarola funda, leve todos os ingredientes para cozinhar em 2 litros de água em fogo brando por aproximadamente 1 hora.

Para a linguiça:

1. Retire a pele da linguiça e corte em fatias finas no sentido do comprimento.

2. Leve por 1,5 minuto ao micro-ondas, ou até que fiquem desidratadas e crocantes, entre folhas de papel absorvente. Ou, então, frite em frigideira com um pouco de azeite até que fiquem crocantes.

COZINHA DE INOVAÇÃO

CUSCUZ DE MILHO PANC, FEIJÃO GUANDU, JAMBU, COENTRO SELVAGEM E FOLHA DE NIRÁ

1 XÍCARA DE FARINHA DE MILHO FLOCÃO

1 A 2 XÍCARAS DE CALDO DE LEGUMES (1 CEBOLA, 1 PEDAÇO DE AIPO E OUTRO DE ALHO-PORÓ)

½ XÍCARA DE FEIJÃO GUANDU

1½ COLHER (SOPA) AZEITE

2 COLHERES (SOPA) DE CEBOLA

1 DENTE DE ALHO AMASSADO

1 PIMENTA CAMBUCI EM CUBOS PEQUENOS

1 PIMENTA DEDO-DE-MOÇA PICADA À BRUNOISE

½ ABOBRINHA CORTADA EM CUBOS PEQUENOS (DESCARTE O CENTRO)

1 COLHER (CAFÉ) DE CURRY
3 FOLHAS DE NIRÁ PICADAS
5 FOLHAS DE JAMBU OU BROTO DE JAMBU
1 FOLHA DE LOURO
1 FOLHA DE COENTRO SELVAGEM PICADA

1. Hidrate o flocão com o caldo, soltando-o com um garfo. Leve ao fogo, dentro de uma peneira, em banho-maria, por 5 minutos.

2. Ferva o feijão em água e escorra. Troque a água e deixe cozinhar por 15 minutos, ou até ficar macio, com uma folha de louro (textura de lentilha).

3. Aqueça azeite, coloque a cebola para suar, depois adicione o alho, as pimentas, a abobrinha, o *curry*, o feijão cozido e refogue.

4. Acrescente as folhas, o cuscuz de milho cozido; acerte o sal.

COZINHA DE INOVAÇÃO

TARTAR DE MAMÃO VERDE, CAPUCHINHA, TREVO, LIMÃO GALEGO E ERVA-MOURA

- 250 G DE MAMÃO VERDE (POUCO ALARANJADO, FIRME)
- 25 ML DE SUCO DE LARANJA SELETA
- 10 ML DE SUCO DE LIMÃO GALEGO
- ¼ DE MAÇO (MOLHO) DE COENTRO PICADO
- ½ CEBOLA ROXA PICADA
- 1 PIMENTÃO VERMELHO PEQUENO PICADO
- ½ PIMENTA DEDO-DE-MOÇA, SEM SEMENTES
- 2 CAPUCHINHAS
- 6 TREVOS
- SAL Q.B.
- ERVA-MOURA (DECORAR)

1. Descasque o mamão, tire as sementes e corte-o em pedaços pequenos.

2. Faça o molho com a laranja e o limão.

3. Misture todos os outros ingredientes, menos a erva-moura, acrescente o molho e acerte o sal. Decore com erva-moura.

COZINHA DE INOVAÇÃO

MAIONESE
DE IÇÁ

106

50 G DE FORMIGA IÇÁ (TANAJURA)
200 ML DE AZEITE EXTRAVIRGEM
2 GEMAS
10 G DE MOSTARDA DE BOA QUALIDADE
SAL E PIMENTA-DO-REINO

1. Frite a içá em 100 ml de azeite até que ela fique bem tostada. Ainda quente, leve ao liquidificador e triture a içá com o azeite.

2. Passe tudo por uma peneira fina. Coe até extrair todo o azeite. Reserve a parte sólida.

3. Em um bowl, comece a incorporar as gemas, a mostarda com o restante do azeite em fio lento, batendo com o fouet.

4. Quando emulsionar o suficiente para começar a dar o ponto de maionese, incorpore, em fio, o azeite batido com a içá. Bata até chegar ao ponto de maionese.

5. Adicione uma colher (sopa) da içá triturada.

6. Tempere com sal e pimenta-do-reino.

COZINHA DE INOVAÇÃO

Receita com fruta brasileira

Identificar frutas nativas brasileiras e buscar os motivos pelos quais essas frutas deixaram de ser consumidas comercialmente são a motivação desta receita.

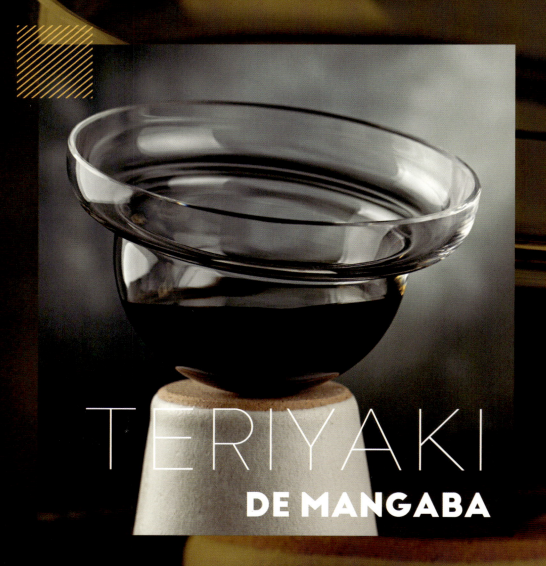

TERIYAKI
DE MANGABA

300 ML DE MOLHO SHOYU PREMIUM
100 ML DE SAQUÊ MIRIN
30 G DE HONDASHI®
100 G DE POLPA DE MANGABA
300 G DE AÇÚCAR DEMERARA

1. Misture todos os ingredientes de maneira a dissolver bem o Hondashi e a polpa da mangaba.

2. Em uma panela, leve ao fogo baixo para ferver.

3. Ferva o molho até que atinja a consistência de calda de açúcar fluida. O molho vai engrossar quando esfriar.

CAPÍTULO 11

RAÍZES DO BRASIL

ALUNOS PARTICIPANTES:
ANETE FERREIRA
INGRID LEMOS
LEONARDO MARS
LUCIANA PEIXOTO

Experiências do uso do inhame/taro (*Colocasia esculenta*) como base para a produção de crackers, pães e sorvetes

No Brasil existe uma série de tuberosas (a raiz é a principal parte comestível e onde se concentram os melhores nutrientes dessas plantas) que fazem parte dos nossos hábitos alimentares e integram a dieta da população há séculos.

Essas raízes, em sua maioria, são ricas em amido, mucilagem e féculas, com amplas opções de uso em diferentes preparações. Como exemplo, podemos citar o aipim (*Manihot esculenta*), espécie originária da região amazônica, que, além do consumo in natura, é processado em inúmeras farinhas e gomas utilizadas na elaboração de pratos que integram o patrimônio gastronômico brasileiro, como a tapioca e o pão de queijo. Outras tuberosas, como o inhame ou taro (*Colocasia esculenta*) e o cará (*Dioscorea rotunda*), têm seu consumo restrito ao produto in natura.

INHAME OU TARO
(COLOCASIA ESCULENTA)

CARÁ
(DIOSCOREA ROTUNDA)

AIPIM OU MANDIOCA
(MANIHOT ESCULENTA)

RAÍZES DO BRASIL

No entanto, as possibilidades de uso das tuberosas na alimentação são muito maiores, inclusive por serem carboidratos complexos, liberados mais lentamente no organismo e com índice calórico inferior ao trigo, por exemplo; por isso mesmo, têm vantagens nutricionais significativas sobre as farinhas refinadas. Elas também apresentam propriedades espessantes e emulsificantes, ou seja, podem ser substitutos interessantes na elaboração de pães, biscoitos, crackers, bolos ou sorvetes.

O objetivo deste projeto é testar o uso dessas raízes como ingredientes alternativos à elaboração de pratos para dietas restritivas, mas também elevar a qualidade nutricional de preparações convencionais e, se possível, desenvolver receitas originais.

O método utilizado foi a substituição gradual de ingredientes em receitas clássicas, em que foi considerado o uso da massa das raízes cruas e cozidas, ajustadas até atingir resultados satisfatórios. Em etapas posteriores, foram substituídos também outros insumos incluídos nas preparações, chegando assim a receitas inéditas.

COZINHA DE INOVAÇÃO

CRACKER
DE INHAME COM MILHO

150 G DE INHAME DESCASCADO E RALADO
80 G DE TOMATE MADURO CONCASSÊ PICADO
50 G DE CEBOLA PICADA
150 G DE FUBÁ DE MILHO
2 G DE FERMENTO QUÍMICO EM PÓ
8 G DE SAL
5 G DE PÁPRICA PICANTE
5 G DE CÚRCUMA EM PÓ
3 G DE COMINHO EM PÓ
80 ML DE AZEITE EXTRAVIRGEM
2 G DE METILCELULOSE
ÁGUA FILTRADA, SE NECESSÁRIO, PARA PROCESSAR OS LEGUMES

1. Processe no liquidificador os legumes, os temperos e o azeite até obter uma massa homogênea – acrescente um pouco de água filtrada se necessário. Em um bowl, coloque a massa processada, adicione o fubá e o fermento químico em pó, então misture bem.

2. Deixe descansar na geladeira por aproximadamente 6 horas. (É importante esse descanso na massa para que o cracker fique bem crocante e homogêneo.)

Para assar:

1. Aqueça o forno a 100 °C.

2. Abra a massa sobre um tapete de silicone, cubra com plástico-filme e passe suavemente um rolo para deixar a camada de massa homogênea e bem fina.

3. Retire o filme e leve ao forno por 6 a 8 minutos, tempo suficiente para começar a secar.

4. Marque o corte dos crackers com a ajuda de uma carretilha e leve de volta ao forno até secar completamente e ficar crocante.

5. Retire do forno e espere alguns minutos para os crackers soltarem com facilidade.

6. Guarde em pote de vidro com tampa.

COZINHA DE INOVAÇÃO

PÃO DE FÔRMA COM MASSA DE INHAME COZIDO

110 G DE MASSA DE INHAME COZIDO
220 G DE FARINHA DE TRIGO
100 G DE ÁGUA
5 G DE FERMENTO BIOLÓGICO SECO
17 G DE AÇÚCAR REFINADO
170 G DE LEVAIN
17 G DE LEITE EM PÓ
35 G DE MANTEIGA
7 G DE SAL

1. Cozinhe o inhame com casca até ficar macio, descasque, amasse com um garfo até obter a textura de um purê bem fino.

2. Misture todos os ingredientes, exceto a manteiga e o sal.

3. Leve à batedeira, em velocidade baixa, e bata por 15 minutos.

4. Acrescente a manteiga e o sal, bata por mais 4 minutos e avalie a textura; bata mais se necessário.

5. Boleie a massa e deixe a massa fermentar por uma hora ou até dobrar de volume.

6. Retire o ar da massa, modele e coloque em forma de bolo inglês.

7. Deixe fermentar por 1,5 hora ou até que ela ocupe 4/5 da fôrma.

8. Asse a 200 °C.

COZINHA DE INOVAÇÃO

SORBET
DE GOIABA COM INHAME

200 G DE PURÊ DE INHAME
250 G DE PURÊ DE GOIABA PENEIRADA
10 G DE CHIA HIDRATADA (4 H)
100 ML DE LEITE DE COCO
100 G DE AÇÚCAR DEMERARA

1. Higienize os inhames, cozinhe-os com a casca e, depois, descasque-os e amasse até alcançar a consistência de um purê fino.

2. Higienize e descasque as goiabas maduras, pique e cozinhe em fogo baixo até que elas se dissolvam por completo. Acrescente água se necessário. Peneire para retirar as sementes e as fibras.

3. Bata no liquidificador ou em um processador de alimentos todos os ingredientes, reserve 50 g do purê de goiaba para misturar ao final depois da massa processada. Deixe esfriar, coloque na sorveteira e bata até obter a textura desejada, firme e cremosa.

> O que observamos: os aspectos sensoriais comparativos entre receitas convencionais e aquelas em que o inhame foi utilizado em substituição à farinha de trigo ou gordura, com ênfase na textura, no volume, no aroma e no sabor.

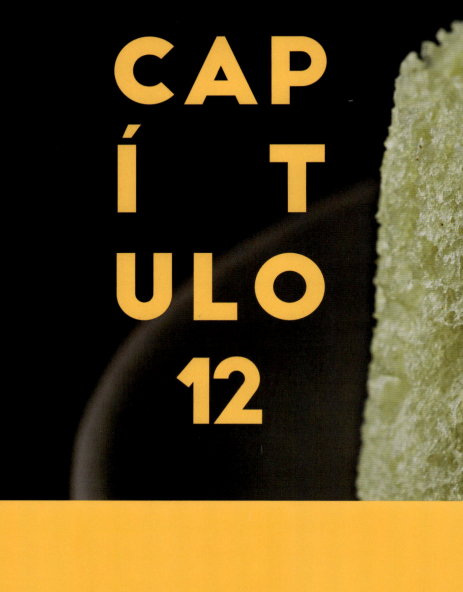

CAPÍTULO 12

ESPONJAS

ALUNOS PARTICIPANTES:
ARNALDO PANTANI
LUCIO SALGUEIRO

COZINHA DE INOVAÇÃO

ESPONJA
DE CEBOLA

60 G DE CEBOLA CONFITADA
20 G DE MANTEIGA CLARIFICADA
60 G DE CLARA DE OVO
40 G DE GEMA DE OVO
40 G DE ISOMALTE
10 G DE FARINHA DE TRIGO
1 G DE SAL

1. Corte a cebola à brunoise e deixe na água gelada com muito gelo por 1 hora. Retire-a da água gelada, passe por uma peneira e deixe secar bem.

2. Em uma frigideira antiaderente, refogue a cebola na manteiga clarificada em fogo médio/baixo. Deixe esfriar.

3. Misture a cebola confitada com os ingredientes restantes e processe com o mixer. Passe por um chinois fino. Despeje a mistura no sifão, filtrando com uma peneira de malha fina.

4. Feche o sifão de ½ litro, agite vigorosamente e coloque uma carga de gás. Agite novamente e ponha na geladeira por 1 hora. Retire da geladeira e, na

ESPONJAS

hora de usar, agite outra vez. Coloque mais uma carga de gás e monte com o bico mais largo. Encha com a mistura espumosa dois copos parafinados (faça pequenos furos no fundo) até a metade ou 2/3 do copo.

5. Coloque os copos com a mistura no micro-ondas, na potência máxima, por 1 minuto. Deixe descansar, desenforme e reserve.

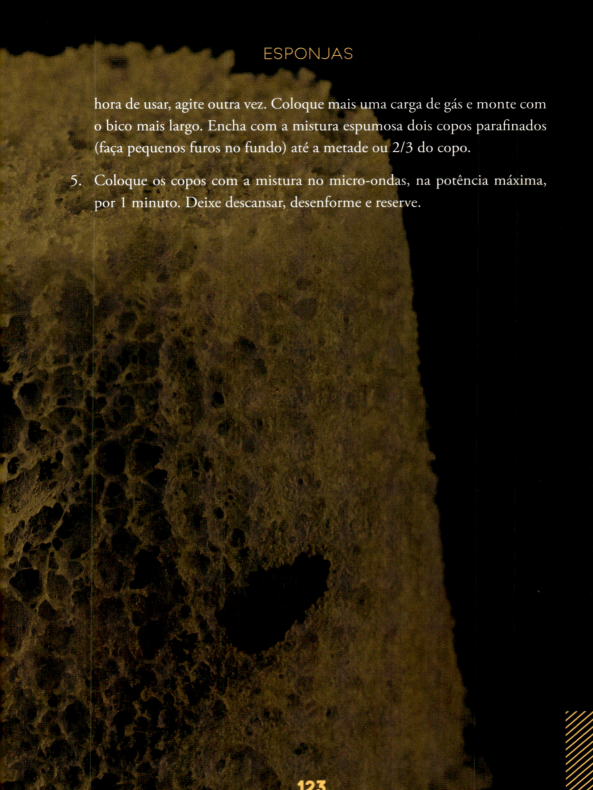

COZINHA DE INOVAÇÃO

ESPONJA
DE SALSA E ANCHOVA

2 OVOS INTEIROS
1 GEMA DE OVO
SAL Q.B.
80 G DE FARINHA
1 G DE FERMENTO EM PÓ
½ MAÇO (MOLHO) DE SALSA
20 G DE CONSERVA DE ANCHOVAS NO AZEITE
300 ML DE CREME DE LEITE FRESCO
2 DENTES DE ALHO
MINIBROTOS FRESCOS

1. Em uma tigela, coloque os ovos inteiros, a gema e uma pitada de sal. Bata os ovos com um fouet até obter uma mistura fluida. Então, adicione a farinha peneirada pouco a pouco e o fermento.

ESPONJAS

2. Inclua a salsinha finamente picada, a conserva de anchovas e misture bem com o mixer. Misture cuidadosamente como uma mistura verde brilhante; tome cuidado para remover qualquer caroço/espinha/talo.

3. Despeje a mistura no sifão, filtrando com uma peneira de malha fina. Feche o sifão, agite vigorosamente, coloque uma carga de gás e ponha na geladeira por 1 hora. Retire e sacuda de novo, coloque a segunda carga de gás, monte com o bico mais largo e encha com a mistura espumosa os dois copos parafinados (faça pequenos furos no fundo) até a metade ou 2/3 do copo.

4. Coloque os copos no micro-ondas na potência máxima e cozinhe por 1 minuto até obter uma esponja de consistência macia.

5. Retire o conteúdo dos copos (batidas no fundo são suficientes) e leve para assar no forno a 90 °C por 20 minutos para desidratar, a fim de obter consistência crocante final.

6. Em uma panela de inox pequena, faça a redução (fogo baixo) do creme de leite.

7. Escalde os dentes de alho três vezes, começando sempre com água fria na panela. Depois de escaldados, termine o cozimento no creme reduzido. Triture, coe e encha, com o creme de alho reduzido, o sifão com uma carga de gás. Reserve aquecido.

8. Retire a esponja de salsa com as anchovas do forno e deixe esfriar.

9. Enfeite cada esponja com uma base de creme de alho ou meia esfera e finalize com minibrotos frescos.

COZINHA DE INOVAÇÃO

ESPONJA
DE ESPINAFRE COM PATÊ DE FÍGADO

ESPONJAS

50 G DE ESPINAFRE OU EXTRATO DE CLOROFILA
125 ML DE ÁGUA
60 G DE MANTEIGA DERRETIDA
1,5 OVO
50 G DE FARINHA
2,5 G DE PÓ DE FERMENTO

PATÊ DE FÍGADO:
150 G DE FÍGADO DE GALINHA
1 CEBOLA MÉDIA
100 ML DE CALDO DE LEGUMES
25 ML DE VINHO BRANCO
AZEITE, SAL E PIMENTA DEDO-DE-MOÇA Q.B.

1. Extraia o suco do espinafre ou proceda com a clorofila (folhas de espinafre branqueadas durante alguns minutos, deixe esfriar em água e gelo, e esprema com filó/gaze) e coloque em um recipiente fundo de inox.

2. Adicione a água, a manteiga derretida e misture bem.

3. Coloque os ovos, a farinha, o fermento em pó e misture com o mixer por alguns segundos. Coe e despeje no sifão, agite vigorosamente, coloque uma carga de gás e leve à geladeira por 30 minutos. Em seguida, retire e

sacuda de novo, coloque a segunda carga de gás, monte com o bico mais largo e encha com a mistura espumosa os dois copos parafinados (faça pequenos furos no fundo) até a metade ou 2/3 do copo. Coloque os copos no micro-ondas, na potência máxima, e cozinhe por 1 minuto + 30 segundos (se necessário), obtendo uma esponja com consistência macia.

4. Em uma frigideira antiaderente, refogue a cebola por cerca de 10 minutos em fogo muito baixo, cubra com o caldo e cozinhe por mais 10 minutos.

5. Acrescente o fígado cortado em tiras, polvilhe com vinho branco e cozinhe rapidamente para que o interior ainda esteja rosa. Tempere com sal e pimenta.

6. Misture novamente e umedeça, se necessário, com um pouco de vinho. Passe no processador até obter o ponto desejado. Coloque uma quenelle de patê de fígado em cima da esponja e decore com minibrotos frescos.

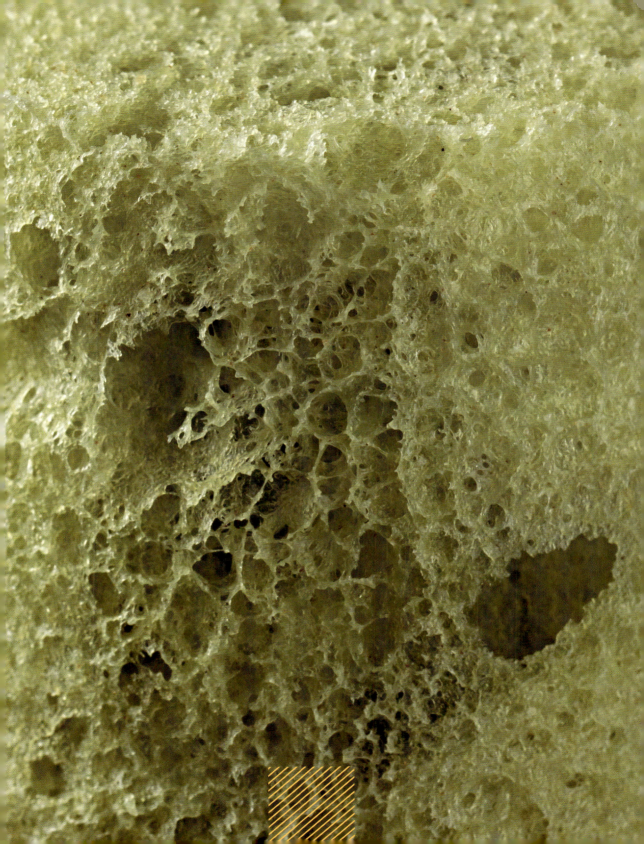

CAPÍTULO 13

BEBIDAS ALTERNATIVAS

ALUNOS PARTICIPANTES:
ANIELE XAVIER
BERNARDO LAGO
CHEN MIEN
FERNANDA PEREIRA
IMYRA M. M. DE SOUZA
LUCAS MIGNOT
LUIZ FELIPE OURO PRETO
THAINÁ THEBAS
THIAGO HINGEL

Figo negro

Este projeto foi idealizado pela necessidade de criar alternativa natural de substituição do café por um produto com sabor semelhante. O figo negro, depois de seco, tem aromas e deliciosas notas tostadas, como as de café. Por ter um sabor mais suave, não é necessário adoçar.

O estudo também visa atender à demanda de pessoas com restrições a cafeína, tais quais cardiopatas, gestantes, portadores de gastrite e insônia, visto que o figo é alcalino, antioxidante, rico em nutrientes, fibras e livre de cafeína.

COZINHA DE INOVAÇÃO

O figo negro tem origem na Argentina, em Mendoza, pois o clima seco, com grande amplitude térmica e muitas horas de sol, colabora para a produção de excelência da fruta.

CAFIGO

150 ML DE ÁGUA
15 G DE CAFÉ DE FIGO

Aqueça a água até 90 °C. Em um filtro de papel ou pano, acrescente o pó de figo e verta a água quente. Consuma em seguida.

CAPUFIGO

20 G DE CAFÉ DE FIGO
1 PITADA DE CANELA EM PÓ
150 ML DE LEITE INTEGRAL

Dissolva o pó de figo e a canela no leite fervido até adquirir consistência aveludada. Consuma em seguida.

BEBIDAS ALTERNATIVAS

VITAMINA
DE INHAME, CAPUCHINHA E TREVO

SUCO DE 2 LARANJAS-SELETA
1 INHAME DESCASCADO
1 MAÇÃ DESCASCADA
2 FOLHAS DE CAPUCHINHA
2 FOLHAS DE TREVO
CAPUCHINHA E TREVO PARA DECORAR

Faça o suco da laranja. Coloque tudo no liquidificador e bata.

Spirulina

A spirulina (*Arthrospira platensis*) é uma alga atualmente utilizada como suplemento alimentar. A spirulina é composta de 53% a 62% de proteínas e é rica em aminoácidos essenciais e antioxidantes como isoflavonas, carotenoides e flavonoides. Também tem alto teor de cálcio, betacaroteno, ferro, zinco e magnésio; sua produção comercial pode ser feita ao ar livre, já que necessita de um pH alto e de alta concentração de bicarbonato no ambiente, condições que inibem o crescimento de outros organismos que poderiam contaminar a produção.

Além disso, diversos e rigorosos estudos toxicológicos destacaram sua potencial aplicação terapêutica na modulação imunológica do corpo humano e na redução de colesterol, como também suas propriedades antivirais.

LIMONADA
SUÍÇA DE SPIRULINA

BEBIDAS ALTERNATIVAS

½ LIMÃO COM CASCA

300 ML DE ÁGUA

5 G DE GENGIBRE FRESCO OU UM PEDAÇO PEQUENO

1 RODELA DE ABACAXI SEM CASCA E COM CAROÇO

15 G DE AÇÚCAR DEMERARA OU A GOSTO

½ COLHER DE CHÁ DE ALGA SPIRULINA EM PÓ

GELO

1. Corte o limão em quatro e retire a parte branca de dentro.
2. Bata o limão com água, gengibre, abacaxi e açúcar no liquidificador.
3. Adicione a alga em pó e bata.
4. Coe e acrescente o gelo.

COZINHA DE INOVAÇÃO

CHAI

2 UNIDADES DE CANELA EM PAU
2 UNIDADES DE GRÃOS DE PIMENTA-DO-REINO
4 UNIDADES DE CARDAMOMO
3 UNIDADES DE CRAVO-DA-ÍNDIA
2 G DE GENGIBRE RALADO
1 PITADA DE NOZ-MOSCADA
240 ML DE ÁGUA FILTRADA
2 SAQUINHOS DE CHÁ PRETO INGLÊS
250 ML DE LEITE VEGETAL DE AMÊNDOA
2 COLHERES DE CHÁ DE LÚCUMA

1. Em um pilão, amasse a canela, a pimenta, o cardamomo e o cravo.
2. Coloque tudo em uma panela, acrescente gengibre, noz-moscada, água e deixe cozinhar em fogo médio até levantar fervura.
3. Desligue o fogo, adicione o chá, tampe a panela e aguarde 5 minutos.
4. Adicione o leite vegetal aquecido e a lúcuma. Sirva quente.

BEBIDAS ALTERNATIVAS

ALUÁ

1 ABACAXI MADURO
1 L DE ÁGUA
200 G DE AÇÚCAR

1. Lave muito bem o abacaxi. Retire a casca e reserve.

2. Coloque a água e a casca em um pote e deixe fermentar por 1 dia.

3. Deixe em geladeira por pelo menos um mês (sem a casca) e junte o açúcar. Sirva gelado.

COZINHA DE INOVAÇÃO

KVASS

200 G DE FATIAS DE PÃO (*SOURDOUGH*, DE PREFERÊNCIA)
½ L DE ÁGUA
½ MAÇO (MOLHO) DE HORTELÃ FRESCA
30 G DE LEVAIN OU UM PACOTE DE FERMENTO BIOLÓGICO SECO
30 G DE AÇÚCAR REFINADO
½ LIMÃO
20 G DE UVAS-PASSAS (OPCIONAL)

O kvass é feito com um pão já velho, de pelo menos três dias. No caso de o pão não estar assim, é possível secá-lo no forno.

1. Para isso, preaqueça o forno em 200 °C, corte o pão em fatias e depois em tiras horizontais. Coloque-o em uma bandeja e leve-o ao forno durante 20 a 30 minutos para torrar. Ferva a água em uma panela e reserve.

2. Transfira o pão e a hortelã para uma vasilha e cubra com a água. O pão pode flutuar, mas mantenha-o submerso com o auxílio de um peso ou de um saco bem fechado, cheio de água. Deixe descansando de um dia para o outro.

BEBIDAS ALTERNATIVAS

3. No dia seguinte, coe e retire o líquido do pão com o auxílio de um voal ou um filtro de café. No líquido obtido (pelo menos 1 L), adicione o levain (ou o fermento), o açúcar e o suco do limão. Deixe até que o kvass esteja fermentando bastante (cerca de dois dias). Depois, acondicione em uma garrafa para a carbonatação.

4. Para medir a carbonatação, coloque algumas uvas-passas no fundo do frasco. Quando elas subirem para a superfície, a bebida estará suficiente carbonatada e poderá ser transferida para a geladeira. Sirva gelado.

CAPÍTULO 14

MIXOLOGIA COM CERVEJA

ALUNOS PARTICIPANTES:
ADRIANA MOREIRA DA FONSECA
FABIANA DE LUCENA
PATRICIA MOURA
THADEU PEREIRA

COZINHA DE INOVAÇÃO

BEERS
KNESS

50 ML DE GIM

30 ML DE SUCO DE LIMÃO SICILIANO (OU 15 ML DE TAHITI)

30 ML DE XAROPE DE MEL

100 ML DE WEIHENSTEPHANER HEFEWEISSBIER

1. Em uma coqueteleira, adicione todos os ingredientes, com exceção da cerveja.

2. Coloque gelo e agite vigorosamente.

3. Coe e coloque em um copo gelado (com ou sem gelo).

4. Complete com a cerveja.

5. Ornamente com a casca do limão. (Como opção, use o limão-siciliano caramelizado.)

MIXOLOGIA COM CERVEJA

BLACK
VELVET

½ COPO DE CERVEJA STOUT (GUINNESS) – GELADA
½ COPO DE CHAMPANHE – GELADO

Encha meio copo com a cerveja e preencha com o champanhe.

THE STOUT
DIPLOMAT

25 ML DE RUM (GELADO)
20 ML DE VINHO DO PORTO RUBY (GELADO)
200 ML DE STOUT (GELADA)

Em uma coqueteleira, misture os ingredientes e mexa devagar. Sirva imediatamente.

COZINHA DE INOVAÇÃO

LARANJA
LUPULADA (ORANGE HOP)

MIXOLOGIA COM CERVEJA

60 ML DE COINTREAU
15 ML DE XAROPE (1:1)
2 PITADAS DE ANGOSTURA
90 ML DE CERVEJA IPA
100 ML DE SUCO DE LARANJA
0,5 G DE GOMA XANTANA PREMIUM

1. Em uma coqueteleira, misture os ingredientes, com exceção da cerveja.
2. Adicione gelo e agite vigorosamente.
3. Sirva em uma taça para vinho e complete com a cerveja.
4. Faça uma espuma de laranja com a goma xantana Premium, batendo o suco com a goma xantana.

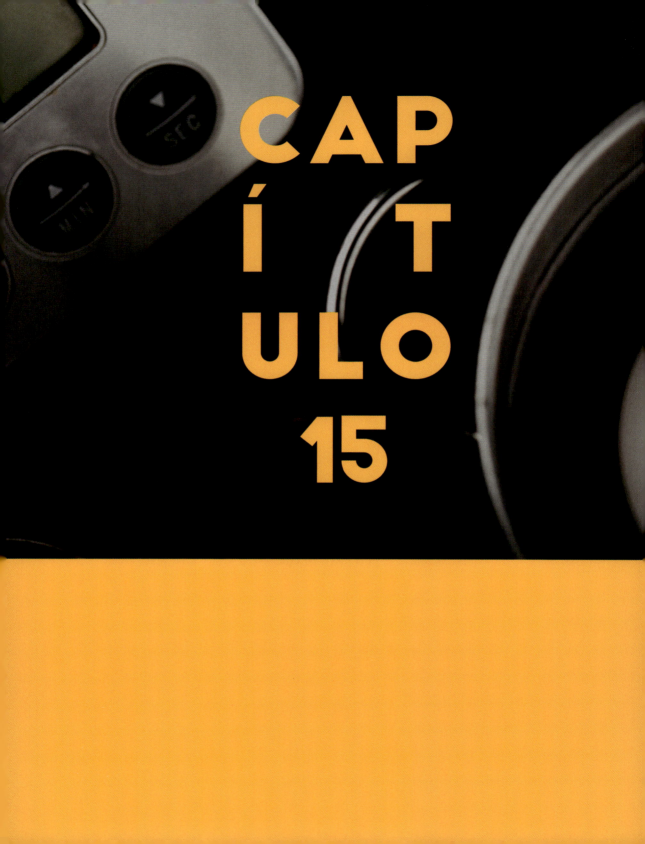
CAPÍTULO 15

TÉCNICAS

ALUNOS PARTICIPANTES:
ALLAN SALES
ANE TREIB
ANETE FERREIRA
ANGELA VALENTE
ARNALDO PANTANI
DIEGO ALVES
JOSE GUILHERME PEIXOTO
LUCIANA PEIXOTO
LUCIO SALGUEIRO
NINA SEGATTO

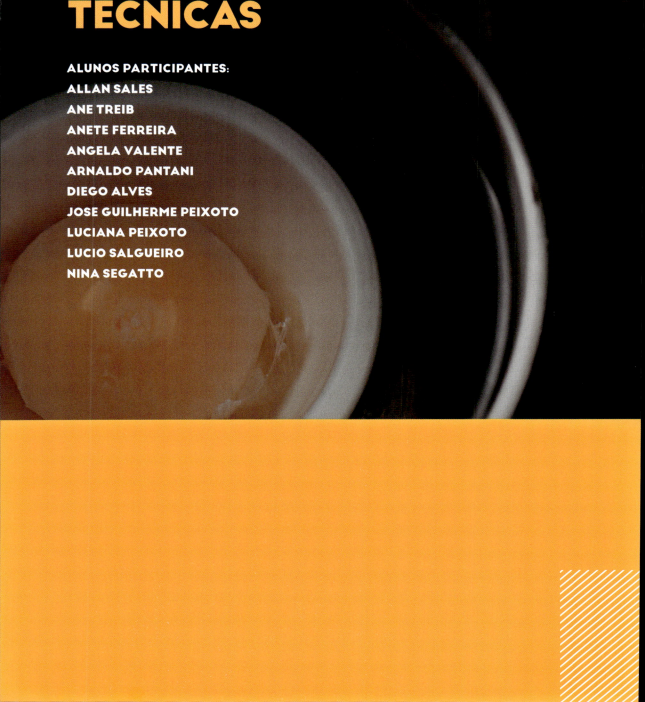

COZINHA DE INOVAÇÃO

ABÓBORA- -PESCOÇO

Técnica: *sous-vide*

150 G DE ABÓBORA DESCASCADA E SEM SEMENTES
SAL
15 G DE MANTEIGA

1. Feche tudo no saco a vácuo.
2. Cozinhe no *sous-vide* por 45 minutos a 90 °C.

EQUIPAMENTOS & TÉCNICAS

CEBOLA

Técnica: *sous-vide*

50 G DE CEBOLA DESCASCADA, FATIADA FINA
5 G DE MANTEIGA
3 G DE AÇÚCAR MASCAVO
SAL Q.B.

1. Feche tudo no saco a vácuo.
2. Cozinhe no *sous-vide* por 45 minutos a 90 °C.

COZINHA DE INOVAÇÃO

CENOURA
NA MANTEIGA

Técnica: *sous-vide*

160 G DE CENOURA JÁ DESCASCADA E CORTADA EM RODELAS MÉDIAS
20 G DE MANTEIGA

1. Feche tudo no saco a vácuo.
2. Cozinhe no *sous-vide* por 45 minutos a 90 °C.

EQUIPAMENTOS & TÉCNICAS

PEITO
DE FRANGO

> Técnica: *sous-vide*

125 G DE PEITO DE FRANGO
1 FATIA FINA DE ALHO
5 ML DE AZEITE
3 G DE MOSTARDA
PIMENTA-PRETA Q.B.
SAL Q.B.

1. Feche tudo no saco a vácuo.
2. Cozinhe no *sous-vide* por 30 minutos a 63 °C.

COZINHA DE INOVAÇÃO

OVO
PERFEITO

Técnica: *sous-vide*

2 OVOS

1. Cozinhe no *sous-vide* por 42 minutos a 63 °C.
2. Mantenha a 58 °C até ser consumido (no mesmo dia).

A gema pode ser utilizada em maioneses ou molhos, ou também batida com azeite trufado.

OVO
NO FORNO

Equipamento: forno combinado

2 OVOS

Leve ao forno por 60 minutos a 62 °C.

EQUIPAMENTOS & TÉCNICAS

GEMA
PERFEITA

Técnica: *sous-vide*

2 GEMAS

1. Cozinhe no *sous-vide* por 25 minutos a 63 °C.

2. Mantenha a 58 °C até ser consumido (no mesmo dia).

A gema pode ainda servir para ser utilizada em maioneses ou molhos, ou também batida com azeite trufado.

COZINHA DE INOVAÇÃO

GEMA
PERFEITA NA PANELA

Equipamento: fogão

2 GEMAS

1. Ferva a água e desligue.
2. Coloque a gema dentro de um ramequim e este em uma panela por 1,5 hora.

EQUIPAMENTOS & TÉCNICAS

BACALHAU

Técnica: *sous-vide*

400 G DE LOMBO DE BACALHAU DESSALGADO
2 CEBOLAS GRANDES
100 G DE FARINHA DE TRIGO
PÁPRICA PICANTE Q.B.
500 ML DE ÓLEO DE SOJA
25 ML DE AZEITE DE OLIVA
SAL Q.B.
PIMENTA Q.B.
120 G DE ARROZ NEGRO COZIDO
SALSINHA PICADA, PARA DECORAR

1. Embale os lombos de bacalhau na seladora a vácuo, com pressão.
2. Cozinhe no *sous-vide* cerca de 2,5 horas à temperatura de 57 °C.
3. Fatie finamente as cebolas, passe na farinha de trigo temperada com páprica picante, retire o excesso e frite em óleo até ficarem douradas e crocantes.

COZINHA DE INOVAÇÃO

4. Retire os lombos do *sous-vide* e da embalagem, seque com papel-toalha e grelhe em chapa de ferro, untada de azeite.

5. Decore o bacalhau com as cebolas fritas por cima, guarnecendo o prato com salsinha picada, e sirva com o arroz negro.

EQUIPAMENTOS & TÉCNICAS

CHERNE

Equipamento: forno combinado

200 G DE FILÉ DE CHERNE
15 ML DE AZEITE
1 DENTE DE ALHO
TOMILHO Q.B.
SAL Q.B.
PIMENTA-BRANCA Q.B.

1. Preaqueça o forno à temperatura de 65 °C.
2. Coloque todos os ingredientes no saco a vácuo, sem pressionar muito o peixe.
3. Leve ao forno preaquecido durante 15 minutos, sem banho-maria.

COZINHA DE INOVAÇÃO

CAJU-BICO

Técnica: *sous-vide* / Equipamento: Thermomix

500 G DE GRÃO-DE-BICO

100 ML DE VINAGRE DE VINHO BRANCO

100 ML DE AZEITE EXTRAVIRGEM

80 G DE DAMASCO SECO

80 G DE FIGO SECO

80 G DE PASSAS BRANCAS SECAS

80 G DE SEMENTES DE MOSTARDA ESCURA E AMARELA MISTURADAS

30 G DE AÇÚCAR MASCAVO

10 G DE GENGIBRE FRESCO

15 G DE CARDAMOMO (SÓ AS SEMENTES)

SAL GROSSO Q.B.

EQUIPAMENTOS & TÉCNICAS

Massa de grão-de-bico:

1. Selecione e lave o grão-de-bico.

2. Coloque-o de molho na água fria e deixe repousar por 12 horas.

3. Lave o grão-de-bico e coloque no saco plástico com o sal grosso, o cardamomo e o azeite. Feche o saco na máquina de vácuo. Cozinhe por 3 horas no *sous-vide* a 40 °C.

4. Separe as sementes de cardamomo e deixe, aproximadamente, 60 grãos inteiros (para acabamento dos cajus); processe o restante no Thermomix.

5. Verifique o sal e ajuste, se necessário.

Mostarda de frutas secas:

1. Misture o açúcar mascavo com o vinagre, adicione rodelas de gengibre e sementes de mostarda. Deixe repousar por 24 horas.

2. Depois de 24 horas, retire as rodelas de gengibre. Pique finamente as frutas secas e misture à mostarda. Deixe repousar mais 8 horas.

3. Processe no Thermomix.

Montagem:

1. Misture bem a massa de grão-de-bico com a mostarda. Acrescente mais azeite, se necessário.

2. Modele no formato de pequenos cajuzinhos e finalize com um grão-de-bico inteiro.

COZINHA DE INOVAÇÃO

CRÈME TIPO
"NUTELLA" BRASILEIRO

EQUIPAMENTOS & TÉCNICAS

Equipamento: Thermomix

60 G DE CHOCOLATE MEIO AMARGO EM PÓ

150 G DE CASTANHA-DO-PARÁ OU CASTANHA-DE-CAJU

60 G DE AÇÚCAR REFINADO

½ COLHER DE CHÁ DE ÓLEO DE NOZES

15 ML A 45 ML DE ÓLEO DE GIRASSOL

1. Triture no Thermomix a castanha (granulado fino).

2. Adicione o açúcar, o chocolate e o óleo de nozes.

3. Junte aos poucos o óleo de girassol, pois talvez não seja necessária sua utilização total, e prove para ajustar o sabor. Deverá parecer um creme fino com granulados. Coloque no refrigerador.

CAPÍTULO 16

PROCEDIMENTOS DE UTILIZAÇÃO DE EQUIPAMENTOS MODERNOS

ALUNO PARTICIPANTE:
LUCIO SALGUEIRO

COZINHA DE INOVAÇÃO

TERMOCIRCULADOR

> **Voltagem: 220 V**

Nível de água no reservatório

O nível de água deve ser mantido em profundidade suficiente para cobrir completamente as bobinas de aquecimento, o sensor de superaquecimento e a saída da bomba.

Botão Safety Set

A função Safety Set controla automaticamente as funções ligar e desligar da bomba e o aquecedor no caso de o líquido do reservatório diminuir muito ou o controle de temperatura falhar. O Safety Set, que é regulado pelo usuário entre as temperaturas de 40 °C e 210 °C, deve ser ajustado para pelo menos 5 °C a mais que a temperatura máxima limite do software do produto.

Use uma chave de fenda para rodar o botão de controle do Safety Set para ajustar a temperatura. Não force o botão além dos limites mínimo e máximo estipulados no painel de controle.

Uma vez escolhida a temperatura, aperte a chave Power diante do controlador para ligar o aparelho. A bomba começará a operar, o display mostrará a temperatura programada, o LED de graus centígrados acenderá e também a temperatura do momento do banho será mostrada. Para instituir a velocidade da bomba, usa-se o botão de controle da velocidade na parte traseira do controlador.

PROCEDIMENTOS DE UTILIZAÇÃO DE EQUIPAMENTOS MODERNOS

Se o funcionamento for interrompido pelo fato de a temperatura do Safety Set ter sido excedida, desligue o aparelho, aperte o botão Safety Set Reset, corrija o problema (nível do líquido baixo, temperatura programada no Safety Set incorreta) e religue o aparelho.

Programando o limite máximo do software

Essa função oferece segurança adicional ao possibilitar que se determine a temperatura máxima limite. Para que uma interrupção indesejada ocorra durante o funcionamento regular da máquina, o limite máximo do software deverá ser estabelecido em pelo menos 5 °C a mais que o controle da temperatura do banho.

Para estipular o limite máximo, pressione simultaneamente os botões P2 e P3 até que o código Hxxx apareça no display. O valor definido pela fábrica é 152 °C.

Para mudar a temperatura no display, pressione e gire o botão seletor de temperatura até a temperatura limite máximo do software desejada. Aperte novamente o botão seletor de temperatura para essa temperatura desejada.

Se o limite máximo do software for igual ou superior à temperatura estipulada, o código FLt1 piscará no display. Caso isso ocorra, estipule uma temperatura maior para o limite máximo do software ou reduza a temperatura estipulada para o banho.

Se a temperatura do banho atingir o limite máximo do software, o código FLt11 piscará no display. Caso isso ocorra, o controlador regula, automaticamente, a força do aquecedor, da unidade de refrigeração/aquecimento e do compressor. A bomba continua a funcionar.

Uma vez que o problema tenha sido corrigido (temperatura do banho ou aumento da temperatura do limite máximo do software), aperte o botão "liga/desliga" para apagar a mensagem.

Programando a temperatura do banho

Pressione o botão Select/Set. O botão decimal piscará para indicar que a temperatura foi modificada.

Gire o botão Select/Set até a temperatura desejada e pressione-o uma segunda vez para selecionar a temperatura. O botão decimal parará de piscar e o display indicará a temperatura do momento do banho. Aguarde até a temperatura desejada ser alcançada.

> ATENÇÃO: O controlador aceitará a temperatura depois de 10 segundos mesmo que o botão não seja apertado.

Para verificar a temperatura a qualquer momento, basta apertar o botão Select/Set.

Caso não se alcance a temperatura do banho, talvez o limite máximo do software esteja configurado para uma temperatura menor que a temperatura do banho. Modifique uma das duas.

Botões de programação

Com a unidade ligada, aperte o botão desejado: P1, P2 ou P3. Depois que o display associado ao botão piscar, ajuste a temperatura desejada e aperte novamente o botão escolhido; só assim, a programação da temperatura terá efeito.

Travamento local

Essa função serve para o usuário travar todos os controles da unidade, enquanto esta continua funcionando.

Para ativar a função, mantenha o botão Select/Set pressionado por 10 segundos até o código LLo aparecer no display.

Para destravar a unidade, aperte o mesmo botão por 10 segundos até o código Can aparecer no display.

Operação de autorrefrigeração

A função seleciona a temperatura em que a refrigeração é ativada. Para a maioria das utilizações, recomenda-se a temperatura de 15 °C acima da temperatura ambiente.

Refrigeração Cool Command

A refrigeração Cool Command tem amplitude maior de controle – de 20 °C até 85 °C – que a refrigeração convencional. Além disso, ela possibilita que o sistema de refrigeração funcione com temperatura de líquido de até 150 °C, quando a temperatura do banho é mudada para 85 °C ou menos. Como resultado, o líquido do banho esfria mais rapidamente.

Refrigeração convencional

Com amplitude de controle entre 20 °C e 70 °C, o sistema de refrigeração ligará quando o líquido do banho atingir, ou ultrapassar, 70 °C.

Programando a temperatura de refrigeração

Aperte, simultaneamente, os botões P2 e P3 até que a temperatura atual da refrigeração apareça no display. Para mudar a temperatura, aperte e gire o botão Select/Set até a temperatura desejada; aperte uma segunda vez para estabelecer a temperatura.

A temperatura definida pela fábrica é 40 °C.

COZINHA DE INOVAÇÃO

VITAMIX

Voltagem: 220 V

Modo de uso:

1. Higienize o copo.

2. Certifique-se de que o motor esteja completamente parado antes de colocar o copo.

3. Coloque primeiro os ingredientes líquidos ou pastosos. Só depois, itens sólidos ou gelo.

4. Ponha o copo na base do motor, alinhando-o sobre a almofada central.

ATENÇÃO: Não se deve usar somente materiais duros ou secos. É obrigatório acrescentar líquido.

5. Certifique-se de que a tampa esteja encaixada no copo; aperte-a na marca.

6. Encaixe o plug na tomada 220 V.

7. Selecione as configurações desejadas do temporizador (como velocidade) ou preestabeleça o programa do liquidificador.

ATENÇÃO: Para alimentos líquidos ou pastosos, o botão esquerdo deverá estar na posição para baixo (<).

Para alimentos sólidos, o botão esquerdo deverá estar para cima (/\).

PROCEDIMENTOS DE UTILIZAÇÃO DE EQUIPAMENTOS MODERNOS

8. Comece a processar os alimentos duros ou grossos em velocidade fixa ou variável, indo para a alta quando a mistura começar a circular. Observe a consistência desejada do alimento. Quando atingir a meta, aperte o botão de desligar.

9. Depois de desligar, espere a lâmina parar completamente antes de remover a tampa ou o copo da base do motor.

10. Rode a tampa para retirá-la.

11. Aperte o botão de desligar: "o".

12. Retire da tomada.

> ATENÇÃO: Não utilize outro utensílio para mexer, a não ser o bastão que acompanha o equipamento.

Nunca exceda 2/3 da capacidade do copo. Não deixe em funcionamento por mais de 30 segundos corridos, principalmente com o acelerador (bastão que acompanha o equipamento).

COZINHA DE
INOVAÇÃO

COZINHA DE INOVAÇÃO

THERMOMIX (BIMBY)

Voltagem: 220 V

Modo de uso:

1. Evite tocar nas lâminas.

2. Não exceda a capacidade máxima de 2 litros.

3. Certifique-se de que o anel vedante (borracha) da tampa esteja limpo e corretamente posicionado.

4. Só abra a tampa depois que a máquina parar de mexer.

5. Não utilize o botão turbo nem velocidades altas para triturar alimentos.

6. Não use a temperatura Varoma para aquecer ou cozer grandes quantidades de alimento. Atenção ao vapor que escapa pelas aberturas laterais e superiores.

7. Use apenas a espátula com o disco de segurança; outros utensílios podem ficar presos nas lâminas e causar ferimentos.

8. Mantenha o Thermomix a uma distância segura da quina da superfície de trabalho, pois ela poderá deslizar ao amassar ou cortar alimentos.

ATENÇÃO: NUNCA tente abrir a tampa sem que o seletor esteja em "tampa aberta".

PROCEDIMENTOS DE UTILIZAÇÃO DE EQUIPAMENTOS MODERNOS

Modo de preparo:

1. Antes de instalar o copo, certifique-se sempre de que o seletor de velocidade esteja posicionado na posição "tampa aberta".

2. Instale o copo com a alça dirigida para a frente e empurre levemente para baixo.

3. Coloque a tampa de cima para baixo a fim de que o marcador da tampa fique alinhado com a alça. Em seguida, gire a tampa para a esquerda (sentido horário) até ouvir um clique.

4. Posicione o seletor na posição "tampa fechada" ou o Thermomix não funcionará.

5. Para fechar corretamente a tampa, é preciso que o anel vedante esteja encaixado.

Lâmina:

1. Para retirar a lâmina, segure o copo com uma das mãos e com a outra rode a base plástica, no sentido anti-horário, e puxe para baixo.

2. Retire a lâmina juntamente com o anel vedante, tomando cuidado para não encostar e não deixar cair.

3. Para reinstalar a lâmina, proceda de maneira inversa. Coloque primeiro a lâmina no copo e depois encaixe a base, girando no sentido horário.

Informações sobre os acessórios

O copo graduado deve ser encaixado na tampa com a abertura para cima. Só nos casos de utilização da borboleta ele deve ser encaixado com a abertura para baixo.

A borboleta é o acessório indicado para bater natas e claras em neve, como também pudins ou molhos cremosos. Deve ser encaixada sobre a lâmina e retirada com movimentos rotativos em ambos os sentidos para levantá-la. Ao usar a borboleta, nunca selecione uma velocidade superior a 4 nem utilize a espátula.

Varoma é constituída de três partes: recipiente, tabuleiro e tampa. Pode ser utilizada em duas combinações: recipiente + tabuleiro + tampa ou recipiente + tampa. Certifique-se sempre de que a tampa esteja corretamente colocada; caso contrário, o vapor escapará e o alimento não ficará bem cozido.

Para utilizar a Varoma, encha o copo com pelo menos ½ litro de líquido (água, caldos, vinho etc.) para 30 minutos de cozedura. Pode-se utilizar o cesto ao mesmo tempo. Ao cozinhar massas, carnes ou peixes, deve-se untar a Varoma.

Símbolos

A "espiga" indica o modo "amassar", que deve ser selecionado para massas pesadas ou pães. Esse modo só funcionará se o copo estiver aquecido, mas abaixo dos 60 °C.

A "balança" possibilita pesar os ingredientes diretamente no copo e na Varoma. Ao apertar esse botão, a pesagem pode ser iniciada e cada toque funciona como "tara". O copo suporta até 2 kg e a Varoma, 4 kg. A pesagem pode ser auferida a partir de 5 g.

PROCEDIMENTOS DE UTILIZAÇÃO DE EQUIPAMENTOS MODERNOS

O "relógio" configura o tempo de funcionamento em até 60 minutos. Selecione o tempo, depois a temperatura e, então, a velocidade desejada. O tempo predefinido pode ser alterado em qualquer tempo. Para "zerar" o tempo, aperte simultaneamente as teclas "-" e "+".

As velocidades 2 e 3 destinam-se ao modo "aquecer suavemente"; assim, a temperatura aumenta vagarosamente. Certifique-se de que nenhuma das luzes indicadoras de temperatura esteja piscando se não desejar selecionar o modo "aquecer" ou "cozinhar" alimentos. Caso contrário, aperte o botão "liga/desliga" para desligar a função de aquecimento.

Ao selecionar o modo "colher", os alimentos serão mexidos lentamente. Não serão cortados, e sim mantidos em pedaços. Para fazer purê, por exemplo, deve-se utilizar velocidades entre 4 e 10, dependendo do resultado desejado.

O botão "turbo" indica a velocidade máxima de funcionamento. A "velocidade inversa" deve ser selecionada para mexer cuidadosamente os alimentos, sem cortar.

MIXER ROBOT COUPE

Voltagem: 220 V

Modo de uso:

1. Certifique-se de que o botão de comando on/off não esteja armado.
2. Ligue o aparelho na corrente.

3. Mergulhe o aparelho em um recipiente com o alimento a ser processado.

4. Pressione o botão on/off e o botão redondo macio, este na parte de cima do aparelho. Use o mixer.

5. Para parar, solte o botão on/off.

Para variar a velocidade:

1. Pressione o botão on/off e o botão redondo macio.

2. Para variar a velocidade do motor, rode o comando numérico da parte de cima do mixer.

Função Mixer/Batedeira

Função Batedeira: Velocidade 500 rpm a 1.800 rpm.

Função Mixer: Velocidade 2.300 rpm a 9.600 rpm.

Função Mixer

Para melhor adaptação do corpo ao trabalho, é aconselhável segurar o aparelho ao mesmo tempo pela pega e pela base do bloco do motor. Incline ligeiramente o aparelho e verifique se a campânula não fica em contato com o fundo do recipiente. Ele também pode ser apoiado na borda da panela, mas deve-se verificar se fica mantido em posição inclinada e se a campânula não tem contato com o fundo do recipiente.

Só deve ser mergulhado até 2/3 do comprimento do pé.

PROCEDIMENTOS DE UTILIZAÇÃO DE EQUIPAMENTOS MODERNOS

Função Mixer/Batedeira com fouet

Troque a lâmina pelo fouet. Siga o procedimento anterior.

PACOJET

Voltagem: 220 V

Modo de uso:

1. Fixe a tampa de borracha preta, encaixando a parte vazada para cima no equipamento (de baixo para cima no cabeçote).
2. Encaixe a lâmina de corte no pino magnético, no centro da borracha preta.
3. Coloque o recipiente de inox no balde preto.
4. Insira os ingredientes.
5. Encaixe o balde preto (à direita, na posição 15 minutos), em seguida rode no sentido horário (direita para a esquerda, na posição 30 minutos).
6. Ligue na tomada 220 V.
7. Aperte, na lateral direita, o Start (verde).
8. Aguarde até acenderem duas luzes verdes frontais.
9. Aperte no painel frontal o Start.

10. Aguarde parar.

11. Aperte o botão azul (frente, lateral direita).

12. Aguarde sair a pressão (barulho).

13. Desligue o Start (verde).

14. Retire da tomada 220 V.

15. Rode no sentido anti-horário (centro para a direita) a fim de retirar o balde.

16. A lâmina de corte e o anel de borracha preta sairão juntos com o recipiente de inox.

17. Remova o preparo do recipiente de inox.

Procedimento de limpeza I:

1. Lave na pia com detergente e água quente.

2. Lave o recipiente de inox, o anel de borracha preta, a lâmina de corte, a tampa branca e o balde preto.

Procedimento de limpeza II:

ATENÇÃO: Não utilize o anel de borracha preta e a lâmina de corte.

1. Coloque o recipiente de inox no balde preto.

2. Insira a escova tripla azul no recipiente de inox.

3. Encha o recipiente até o nível da escova com água quente e ½ colher (sopa) de detergente.

PROCEDIMENTOS DE UTILIZAÇÃO DE EQUIPAMENTOS MODERNOS

4. Encaixe o balde preto (à direita, na posição 15 minutos), em seguida rode no sentido horário (direita para a esquerda na posição 30 minutos).

5. Ligue na tomada 220 V.

6. Aperte o Start (verde).

7. Aguarde até acenderem duas luzes verdes frontais.

8. Aperte no painel frontal o Start.

9. Aguarde parar.

10. Aperte o botão azul (frente, lateral direita).

11. Aguarde sair a pressão (barulho).

12. Desligue o Start (verde).

13. Retire da tomada 220 V.

14. Rode no sentido anti-horário (centro para a direita), a fim de retirar o balde.

SIFÃO

Modo de uso:

1. Abra a garrafa.

2. Passe o preparo pelo funil e uma peneira diretamente em um sifão de 0,5 litro até o limite máximo, indicado no interior da garrafa.

3. Observe na tampa se a borracha vedante está na cabeça do aparelho e enrosque-a na garrafa (sempre com a borracha voltada para baixo).

4. Feche a garrafa, coloque o bico apropriado e insira a cápsula de N2O, no porta-cápsula. Fixe-o à garrafa até ouvir que o conteúdo da cápsula entrou.

5. Agite a garrafa várias vezes com força.

6. Para conservar o produto, coloque a garrafa no refrigerador de cabeça para baixo ou deitada.

7. Quando acabar de usar, verifique se tirou todo o gás da garrafa para abrir e higienizar.

Conforme o tamanho do sifão, utilize a seguinte quantidade de cápsulas:

- 1 cápsula para sifões de 0,25 litro ou 0,5 litro
- 2 cápsulas para sifões de 1 litro

Sempre use o sifão virado para baixo. Se ele for seguro apenas inclinado, o gás não consegue empurrar a massa completamente para fora da garrafa e sobram restos na garrafa.

Cream Profi Whip

- Para o preparo de chantili puro, mais creme de leite aromatizado com xarope e sobremesas deliciosas.

- Alto rendimento com volume até duas vezes maior em comparação a outros métodos. O sifão para chantili profissional é indicado para cafeterias, sorveterias, confeitarias etc.

- Corpo e cabeça da garrafa em aço inoxidável, desenvolvidos para uso profissional.

- Cabeça da garrafa com protetor de silicone e êmbolo de aço inoxidável removível para facilitar a limpeza.

PROCEDIMENTOS DE UTILIZAÇÃO DE EQUIPAMENTOS MODERNOS

Volume máximo de enchimento: 0,5 litro ou 1 litro

Incluso: bico tulipa

Suporte da cápsula ergonômico, com protetor de silicone antiderrapante

Apropriado para lava-louças

Certificado por NSF

Compatível com HACCP

2 anos de garantia

Gourmet Whip

- O faz-tudo da cozinha.

- Para o preparo de espumas leves, aperitivos, molhos quentes e frios, sopas cremosas batidas, bem como chantili e sobremesas. Adequado para pratos quentes e frios.

- Corpo e cabeça da garrafa em aço inoxidável, desenvolvidos para uso profissional.

- Cabeça da garrafa com protetor de silicone e válvula de dosagem em aço inoxidável fixada para uma dosagem fácil, mesmo para preparos quentes.

- Vedação de silicone resistente ao calor, com lingueta de extração para limpeza rápida e higiênica. Manter quente em banho-maria a, no máximo, 75 °C.

Volume máximo de enchimento: 0,25 litro, 0,5 litro ou 1 litro

Incluso: bico reto de aço inoxidável, bico tulipa, bico estrela, escova de limpeza

Suporte da cápsula ergonômico, com protetor de silicone antiderrapante

Apropriado para lava-louças

Certificado por NSF

Compatível com HACCP

2 anos de garantia

Thermo Whip

- O faz-tudo na cozinha e em eventos culinários.
- Para o preparo de espumas leves, aperitivos, molhos quentes e frios, sopas cremosas batidas, bem como chantili e sobremesas.
- Corpo e cabeça da garrafa em aço inoxidável, desenvolvidos para uso profissional.
- Cabeça da garrafa com protetor de silicone e válvula de dosagem em aço inoxidável fixada para uma dosagem fácil, mesmo para pratos quentes.
- Vedação de silicone resistente ao calor, com lingueta de extração para limpeza rápida e higiênica.
- Garrafa em aço inoxidável com parede dupla e isolamento a vácuo e desempenho térmico máximo: mantém os preparados frios ou quentes por horas.

Volume máximo de enchimento: 0,5 litro

Incluso: bico reto de aço inoxidável, bico tulipa, bico estrela, escova de limpeza

Suporte da cápsula ergonômico, com protetor de silicone antiderrapante

Apropriado para lava-louças

PROCEDIMENTOS DE UTILIZAÇÃO DE EQUIPAMENTOS MODERNOS

Certificado por NSF

Compatível com HACCP

2 anos de garantia sobre material e fabricação, 5 anos de garantia sobre capacidade de isolamento do corpo da garrafa

Cream Profi Whip – bico plástico

Para o preparo de chantili puro, mais creme de leite aromatizado com xarope e sobremesas deliciosas.

Gourmet Whip – bico inox

- Para o preparo de espumas leves, aperitivos, molhos quentes e frios, sopas cremosas batidas, bem como chantili e sobremesas.
- Manter quente em banho-maria a, no máximo, 75 °C.

Thermo Whip – bico inox – térmica

- Para o preparo de espumas leves, aperitivos, molhos quentes e frios, sopas cremosas batidas, bem como chantili e sobremesas.
- Garrafa em aço inoxidável com parede dupla e isolamento a vácuo e desempenho térmico máximo: mantém os preparados frios ou quentes por horas.

REFERÊNCIAS

"Café de higo para tratar dislipemias". Disponível em <http://cofig.com.ar/dislipemias.html>. Acesso em 16 mai. 2019.

"Easy homemade rice crackers", 25 mai. 2018. Disponível em <https://www.kidseatbyshanai.com/easy-homemade-rice-crackers/>. Acesso em 28 abr. 2019.

"El suave aroma del café de higo", 24 out. 2014. Disponível em <https://higosandfigs.com/2014/10/24/el-suave-aroma-del-cafe-de-higo/>. Acesso em 16 mai. 2019.

"Garlic rosemary quinoa crackers", 6 out. 2016. Disponível em <https://www.simplyquinoa.com/garlic-rosemary-quinoa-crackers/>. Acesso em 2 mai. 2019.

"Gluten free garlic parmesan crackers", 27 abr. 2016. Disponível em <http://nottooshabbygabby.com/gluten-free-garlic-parmesan-crackers/>. Acesso em 30 abr. 2019.

"Za'atar flavored crackers", 4 out. 2015. Disponível em <http://www.veganhightechmom.com/zaatar-flavored-crackers-vegan-gluten-free/>. Acesso em 5 mai. 2019.

BARILLA, Academia. *Geleias e conservas, 50 das melhores receitas*. Barueri: Editora Manole, 2014.

BARSANTI, Laura; GUALTIERI, Paolo. *Algae: anatomy, biochemistry, and biotechnology*. 2. ed. Flórida/EUA: CRC Press Taylor & Francis Group, LCC, 2006.

BEATTY, S.A. *Devemos secar nossos peixes? A ciência e a indústria da pesca*, Rio Grande,(2):2 – 28,1958.

BEER JUDGE CERTIFICATION PROGRAM. "Beer style guidelines". 2015. Disponível em: <http://www.bjcp.org/docs/2015_Guidelines_Beer.pdf>. Acesso em 18 fev. 2019.

BERAQUET, N. J. *Peixe salgado e seco: um processo rápido de salga*. Campinas/SP: Inst. tecnol. alim., (39): 13 – 37,1 Fig.1974.

BEZERRA, José Raniere M. V. "Tecnologia de fabricação de derivados de leite: boletim técnico. Guarapuava: Unicentro, 2008.

BRASIL. *Alimentos regionais brasileiros*. 2. ed. Ministério da Saúde/Secretaria de Atenção à Saúde: Brasília, 2015.

BURGESS, G. H. O. et. al. *El pescado y las industrias derivadas de la pesca; fish handling and processing*, trad. de Venâncio Lopez Lorenzo e Anders Marco Borrado, Zaragoza: Ed. Acribia, 392p. 1971.

CASTRO, Albejamere P., et al. Etnobotânica das variedades locais do cará (Dioscorea spp.) cultivadas nas comunidades do município de Caarapiranga, estado do Amazonas. Acta Botânica Brasileira. 26(3):658-667. Alta Floresta/MT: Unemat, 2012.

CASTRO, Albejamere P., et al. *Etnobotânica das variedades locais do cará (Dioscorea spp.) cultivadas nas comunidades do município de Caarapiranga, estado do Amazonas*. Acta Botânica Brasileira. 26(3):658-667. Alta Floresta/MT: Unemat, 2012.

DREDGE, MARK; ALBERT, Roseane. *Cerveja e gastronomia: harmonização das melhores cervejas do mundo com pratos deliciosos*. São Paulo: PubliFolha, 2016.

EMÍLIO, Wilson; SANTOS, Maria Cecília dos. *Processamento do leite*. São Paulo: Senar/SP, 2006.

FERREIRA, Maria Presciliana de Brito; SILVA, Argélia Maria Araújo Dias; SILVA, Gilvan. *Produção alimentícia: processamento de leite*. Recife: EDUFRPE, 2012.

GONDIM, Gil. *Conservas do meu Brasil: compotas, geleias e antepastos*. São Paulo: Editora Senac, 2018.

KATZ, Sandor Ellix. *The art of fermentation: an in-depth exploration of essential concepts and processes from around the world*. Vermont: Chelsea Green Publishing, 2012.

KELEN, Marília Elisa B. et al. (Org.). *Plantas alimentícias não convencionais (Pancs); hortaliças espontâneas e nativas*. Porto Alegre: UFRGS, 2015. 44 p. : il. color.

KINUPP, Valdely F.; LORENZI, Harri. *Plantas alimentícias não convencionais (Panc) no Brasil: guia de identificação, aspectos nutricionais e receitas ilustradas*. São Paulo: Instituto Plantarum de Estudos da Flora, 2014.

REFERÊNCIAS

LORENZI, Harri; LACERDA, Marco Túlio C. L.; BACHER, Luis Benedito. *Frutas no Brasil: nativas e exóticas (de consumo in natura)*. São Paulo: Ed Instituto Plantarum de Estudos da Flora Ltda., 2015.

MANNING, Ivy. *Crackers & dips: more than 50 handmade snacks*. San Francisco: Chronicle Books LLC, 2013.

MIAMOTO, Juliana de Brito Maia. *Obtenção e caracterização de biscoito tipo cookie elaborado com farinhas de inhame (Colocasia esculenta L.)*. Dissertação de mestrado em ciência dos alimentos. Ouro Preto/MG: Universidade Federal de Ouro Preto, 2008.

MORRIS, Lori; CORSO, Michelle. *No flour cracker and flatbread cookbook: gluten-free, soy-free, dairy-free, egg-free recipes*. Charlotte: Purely Twins, 2014.

NIMS, Cynthia. *Salty snacks: make your own chips, crisps, crackers, pretzels, dips, and other savory bite*s. Nova York: Ten Spreed Press, 2012.

Philippe, La cuisine. *Magret de canard séché*, peito de pato curado, videoaula, França, publicado em 21 abr. 2016. Disponível em <http://cuisinedephilippe.blogspot.com/>. Acesso em ago. 2018.

REBELO, Ana Isabel de Matos Antunes. *Diosgenina e derivados oxidados: potenciais agentes antitumorais e antifúngicos*. Dissertação de mestrado em bioquímica. Covilhã: Universidade da Beira Interior, 2011.

REIS, Graciene D. *Avaliação da atividade biológica do taro [Colocasia Esculenta (L.) Schott)] no ensaio de letalidade com artemia salina leach, no teste antifúngico de microdiluição em caldo e na hipercolesterolemia em coelhos*. Dissertação de mestrado em ciências farmacêuticas. Ouro Preto/MG: UFOP, 2011.

SILVA, Edmilson Evangelista da. *A cultura do taro-inhame [Colocasia esculenta (L.) Schott]: alternativa para o estado de Roraima*. Boa Vista/RR: Embrapa, 2011.

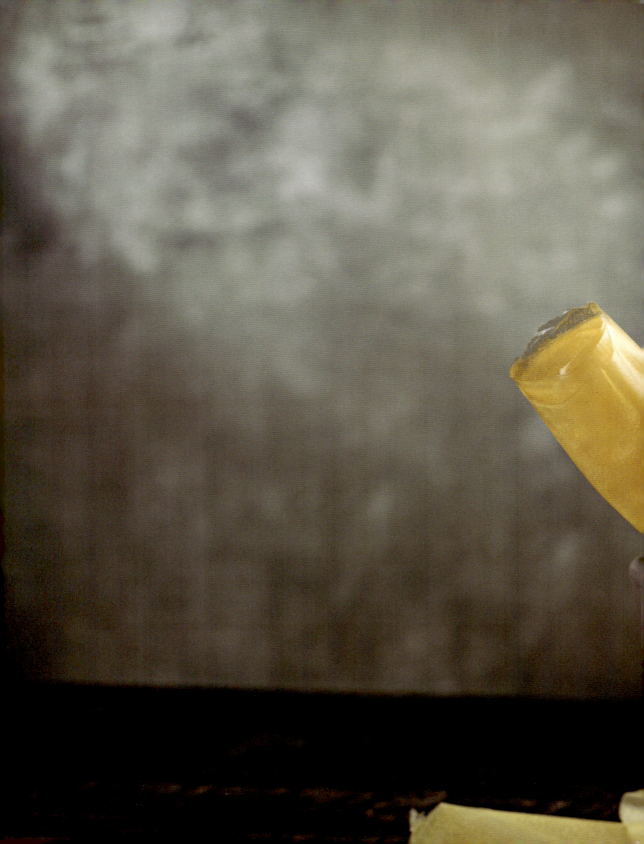

COZINHA DE INOVAÇÃO

A Editora Senac Rio publica livros nas áreas de Beleza
e Estética, Ciências Humanas, Comunicação e Artes,
Desenvolvimento Social, Design e Arquitetura, Educação,
Gastronomia e Enologia, Gestão e Negócios, Informática,
Meio Ambiente, Moda, Saúde, Turismo e Hotelaria.

Visite o site **www.rj.senac.br/editora**, escolha
os títulos de sua preferência e boa leitura.

Fique atento aos nossos próximos lançamentos!

À venda nas melhores livrarias do país.

Editora Senac Rio
Tel.: (21) 2545-4819 (Comercial)
comercial.editora@rj.senac.br

Fale com a gente: (21) 4002-2101

Este livro foi composto nas tipografias Big John Pro,
The Bold Font e Adobe Garamond Pro e impresso pela Edigráfica
Gráfica e Editora Ltda., em papel *couché matte* 150 g/m², para a
Editora Senac Rio, em março de 2020.